TikTok
实操指南

主 编 王青彩

国文出版社
·北京·

图书在版编目（CIP）数据

TikTok 实操指南／王青彩主编 . -- 北京：国文出
版社，2025. --ISBN 978-7-5125-1872-8

I . F713.365.2

中国国家版本馆 CIP 数据核字第 2024GU4913 号

TikTok实操指南

主　　编	王青彩	
责任编辑	王宇飞	
责任校对	凌　翔	
出版发行	国文出版社	
经　　销	全国新华书店	
印　　刷	三河市中晟雅豪印务有限公司	
开　　本	710毫米×1000毫米	16开
	13印张	319千字
版　　次	2025年3月第1版	
	2025年3月第1次印刷	
书　　号	ISBN 978-7-5125-1872-8	
定　　价	99.00元	

国文出版社

北京市朝阳区东土城路乙 9 号　　　　　邮编：100013

总编室：（010）64270995　　　　　传真：（010）64270995

销售热线：（010）64271187

传真：（010）64271187-800

E-mail：icpc@95777.sina.net

 **TikTok 的现在与未来**

第一节　3 个玩 TikTok 的理由

在国内流量竞争日益激烈，新增流量日益见底的时候，TikTok 背后的全球流量无疑将成为下一个非常值得期待的增量市场。

一、对于个人

（1）成为 KOL（Key Opinon Leader，关键意见领袖）变现。TikTok 可以帮助个人打造人设，进而成为 KOL，实现变现。如果个人（尤其适合海外华人）语言过关，能通过拍摄 TikTok 视频在某一领域成为 KOL，便可以通过售卖课程或者广告推广获取收益。在 TikTok 和 YouTube（国外知名视频平台）上已有很多这样的成功案例。

（2）与 TikTok Shop（TikTok 商店）合作。当个人影响力达到一定程度后，可与 TikTok Shop 合作，成为店铺的品牌推广大使，在视频内容里推荐店铺产品[①]，引导粉丝购买从而赚取佣金或合作报酬。例如美妆领域的知名 TikTok 博主可与 TikTok Shop 中的美妆店铺合作，介绍、试用新款化妆品，给粉丝提供购物参考的同时为店铺带来销量，自己也能获得收益。此外，个人创作者还能利用 TikTok Shop 的商品链接功能，销售自己创作的周边产品以拓展收入渠道。

（3）自我表达与文化传播。在 TikTok 上，个人能充分表达自己的独特观点、展示自己的兴趣和生活方式。海外华人可借此向世界展示中国文化元素，例如擅长中国传统书法的华人可制作书法创作短视频，展示从准备到书写的过程并配上英文解说，促进跨文化交流，满足自我表达欲并增进文化理解。

（4）技能提升与社交拓展。为吸引更多人关注，创作者需提升视频制作技能，包括拍摄、剪辑和创意构思等，这促使个人在创作中不断进步。而且视频受关注后能结识不同地区、不同背景的人。例如健身爱好者分享健身日常和技巧，可吸引全球同好关注，进而交流心得、分享方法，甚至开展线上挑战活动，拓宽社交圈。

（5）灵活的创作模式与快速反馈。TikTok 创作模式灵活，各类内容都有受众。其算法能把视频快速推送给感兴趣的用户，创作者可迅速得到点赞、评论和分享等反馈，这有助于创作者及时调整创作方向，加速成为 KOL 的进程。

二、对于商家

（1）利用 TikTok 引流。TikTok 是很好的引流工具，其全球下载量超 20 亿次，是全球下载量排名第一的短视频 App。与成本渐高的付费流量相比，其免费流量对商家吸引力巨大，可为速卖通、亚马逊店铺、独立站导流，也可导流私域流量或开通 TikTok Shop，且有成熟的实现方式。

---

① 本书中所涉及的商品仅作为举例使用，无消费引导之意。

第一篇

达人短视频带货

（2）扩宽 TikTok Shop 销售渠道。TikTok Shop 为商家提供直接销售渠道，商家能在 TikTok 平台开设店铺展示和销售商品。与传统电商平台相比，TikTok Shop 社交属性和互动性更强，商家可通过短视频、直播展示产品特点和使用方法，实时解答消费者疑问以提高他们的购买意愿。例如服装商家可以直播展示服装，解答消费者提问，让消费者更好地了解产品从而增加购买信心。TikTok Shop 还提供营销工具和数据分析功能，商家可据此制定精准的营销策略，提高营销效果和销售转化率。

（3）增强受众定位准确性。TikTok 用户群体庞大且多样，商家可通过其算法精准定位目标受众。例如时尚美妆商家可根据多维度数据，将视频广告精准推送给年轻女性、美妆爱好者，避免无效投放，提高营销资源利用率。

（4）实现创意营销的无限可能。在 TikTok 上，商家可摆脱传统营销模式，采用有创意和互动性强的营销方式。例如食品商家可以发起"美食挑战"，鼓励用户拍摄相关视频并使用特定话题标签，增加品牌曝光度，激发用户参与热情，形成自发传播效应，这比传统静态广告更能吸引用户并给他们留下深刻印象。

（5）建立品牌社区，增强用户忠诚度。商家可利用 TikTok 建立品牌社区，通过持续发布有趣、有价值的内容吸引用户关注、互动。例如运动品牌可以通过发布运动员的故事、新品幕后花絮等，使用户产生认同感和归属感，提高忠诚度；忠实用户可能还会因此向朋友推荐相关产品，扩大品牌影响力和客户群体。

三、对于工厂

（1）展示品牌、产品与生产能力。TikTok 庞大的用户基础为工厂提供了展示品牌、产品和生产能力的平台，能吸引全球潜在客户和合作伙伴。通过创意视频展示生产过程、生产设施或独特制造技术，可吸引目标市场关注，塑造品牌形象。分享日常运作过程，能增强消费者和合作伙伴对工厂生产能力的信任。

（2）实现透明化生产，展示可靠质量。当今消费者对产品质量和生产过程透明度要求高，TikTok 是工厂展示的好窗口。工厂也可展示原材料采购过程，例如纺织工厂可以通过展示棉花从采摘到加工的全过程及质量检测环节，让消费者放心购买，也让合作伙伴看到质量把控情况，吸引更多订单和合作机会。

（3）展示差异。在全球制造业竞争激烈的环境下，TikTok 可助工厂实现差异化展示。即使产品功能和价格相似，工厂可展示其独特生产工艺或环保理念等方面的优势。例如家具工厂可以通过展示独特环保漆涂覆工艺及其对家具质量的提升作用，吸引关注环保的消费者，形成差异化竞争优势。

（4）吸引人才，提升行业影响力。工厂在 TikTok 上展示先进设备、创新技术和企业文化，有助于吸引行业内优秀人才。除对技术人才和管理人才有吸引力外，积极分享行业知识和经验还能提升工厂在行业内的影响力，成为行业引领者。

（5）借助 TikTok Shop 将产品推向市场。工厂可借助 TikTok Shop 将产品直接推向市场，开设官方店铺展示产品系列，通过短视频和直播介绍产品优势和特点。例如电子产品工厂可以通过展示手机、平板电脑等产品优势吸引消费者购买。工厂还可与 TikTok 达人合作推广产品，减少中间环节，降低成本，提高竞争力和扩大利润空间。

TikTok 还上线了海外版星图平台——Creator Marketplace（创作者市场），这一平台在撮合达人与广告主方面发挥着重要作用，也对 TikTok Shop 的发展产生了积极的影响。

一方面，TikTok Shop 的商家可以通过 Creator Marketplace 平台找到适合自己商品的达人，与他们合作推广自己的店铺和产品。达人可以根据商家的需求，制作相关的短视频内容，在视频中展示商家的商品，并引导粉丝前往 TikTok Shop 购买。这种合作方式能够充分发挥达人的影响力和创作能力，为商家带来更多的流量和销售机会。另一方面，对于达人来说，与 TikTok Shop 的合作也为其提供了更多的商业机会。达人可以通过推广 TikTok Shop 的产品，获得更多的收入和曝光度，进一步提升自己的影响力和商业价值。

第二节　TikTok 生态概览

一、TikTok 的发展现状

1.TikTok 是什么？

TikTok 是字节跳动公司旗下短视频 App 抖音的海外版。抖音在国内最初名为 A.me，其应用逻辑和玩法借鉴了当时由中国团队开发的颇受欢迎的 Musical.ly。最初，抖音作为一个实验性项目被推出，在 2017 年春节期间爆火后，字节跳动开始投入资源进行大力推广。

Musical.ly 是一款于 2014 年 4 月上线的影片社群 App。截至 2017 年底，它在全球累计拥有 2.4 亿注册用户，其中仅美国市场就拥有 6500 万用户，且主要使用者为美国青少年。2017 年 5 月，Musical.ly 以 "muse" 为名进入中国市场，但由于运营方面的种种问题，在半年后退出。2017 年 11 月 10 日，字节跳动以 10 亿美元的价格收购了 Musical.ly，这一收购金额与 2010 年 Facebook（脸书，国外知名社交平台）收购 Instagram（照片墙，国外知名社交平台）的金额相同。收购完成后，字节跳动在全球市场对 Musical.ly 进行了版本更新，将图标替换为抖音图标，全面接管 Musical.ly 的用户，并正式将其命名为 TikTok。

TikTok 的发展速度极为迅猛。在 2018 年，其下载量就超过了 Instagram；2019 年，TikTok 全年下载量仅次于 WhatsApp（一款即时通信应用程序）；到了 2020 年第一季度，TikTok 的累计下载量成为全球第一，超过了 WhatsApp、YouTube 等应用。在日本、美国、泰国、印度、德国等多国，TikTok 的下载量均位居榜首。

2. TikTok 时间线

2017 年 5 月，字节跳动推出抖音国际版品牌——TikTok，投入上亿美元进军海外市场。"TikTok" 这个名字寓意时钟嘀嗒的声音，其最初的界面设计采用了扁平化风格。

2017 年 11 月，字节跳动以 10 亿美元并购北美同类产品 Musical.ly，从而构建了一个更为庞大的视频社区。此时，TikTok 成为日本 App Store 免费榜第一名。

2018 年 1 月 24 日，TikTok 登上泰国当地 App Store 排行榜第一名。

2018 年 8 月 1 日，TikTok 与 Musical.ly 完成合并，新的应用程序继承了 TikTok 这一名称，相关标识也统一改为 "TikTok"。

2018 年 10 月，TikTok 成为美国月度下载量和安装量最高的 App，当时在美国已被下载约 8000 万次。

2019 年，TikTok 全球下载量达到 7.4 亿次，荣登全球下载榜第二名。

2020 年，TikTok 全球下载量为 8.5 亿次，荣登全球下载榜第一名。

2021 年，TikTok 的用户覆盖了 150 个国家或地区，成为全球最受欢迎的短视频 App。同年，TikTok Shop 率先在印度尼西亚进行内测，仅限当地本土公司和用户使用。

2021 年 4 月，TikTok Shop 在英国亮相，不到 3 个月的时间便对跨境商家开放。

2021 年 9 月，TikTok 正式推出 TikTok Shopping，同时启动 TikTok World，其功能类似于国内帮助达人推广任务接单的巨量星图。

2022 年 4 月，TikTok Shop 扩展到新加坡、马来西亚、菲律宾、越南和泰国。

2022 年 10 月，美国闭环 TikTok Shop 开始内测。

2023 年 4 月，美国本土 TikTok Shop 正式开放。

2023 年 5 月，TikTok Shop 跨境电商上线全托管模式。

2023 年 6 月，TikTok 全球下载量已突破 35 亿次。其中，美国拥有超过 1.5 亿 TikTok 用户，是全球 TikTok 用户数量最多的国家，印度尼西亚以 1.13 亿用户数位居第二。

2023 年 8 月，美国 TikTok Shop 全面放开。

2023 年 11 月，TikTok 官方宣布与印度尼西亚 GoTo 集团达成电商战略合作，TikTok 印度尼西亚电商业务将与 GoTo 集团旗下电商平台 Tokopedia 合并。

2024 年 2 月，TikTok 半闭环电商业务在德国、法国、西班牙、意大利、加拿大、澳大利亚、日本和韩国等 8 个国家上线内测。预计未来有可能涉及更多国家，覆盖南美、中亚、东南亚等地区。这是 TikTok 拓展全球电商业务的重要一步，半闭环业务允许客户通过 TikTok 短视频、直播间小黄车和主页橱窗直接跳转到独立站进行交易。

2024 年 5 月，TikTok Shop 东南亚跨境店正式开放个体户入驻新政策，为跨境卖家开辟快速出海的绿色通道。持有国内个体户营业执照且具备一定跨境运营经验的卖家，符合一定条件（如具备注册时间超过 6 个月的国内个体户营业执照、同执照或同法人具有主流跨境电商三方平台经营经验、店铺综合评分大于等于 4.3 分或者 90% 等）即可入驻 。

2024 年 6 月，TikTok 举办 2024 TikTok Shop 东南亚跨境电商年度峰会。TikTok Shop 东南亚跨境电商发布一站式跨境商家服务升级方案，还首次面对跨境商家发布 ACE 指标体系和运营方法论，并且围绕流量、内容与达人，为跨境商家提供实操性指导。

2024 年 8 月，运营者入驻美国跨境店开始需要缴纳保证金。

二、TikTok 的未来预期

字节跳动总裁张一鸣曾表示，希望字节跳动系的海外用户占比超过 50%，从而实现整个生态的全球化。2020 年 3 月，张一鸣亲自担任字节跳动全球 CEO，将国内的抖音业务交给张利东和张楠负责，旨在进一步加快全球化的步伐。由此可见，TikTok 具备巨大的发展潜力。

TikTok 的快速发展让许多大型互联网公司感受到了竞争压力。例如，Facebook 专门针对 TikTok 推出了 Lasso，谷歌推出了 Tangi，但这 2 款 App 的数据表现并不十分突出。在全球短视频 App 领域，表现最为出色的 3 家中国公司分别是字节跳动（TikTok）、快手（快手海外版）和 YY（收购的

Likee）。TikTok 在全球下载总量榜上名列前茅，这表明在短视频赛道上，中国企业处于全球领先地位。

与其他出海平台相比，早期出海的平台大多在东南亚地区拥有较高的用户占比，这是因为东南亚地区在文化和用户 App 使用习惯上与中国较为接近，便于推广。而 TikTok 则是少数能够在北美、欧洲等不少国家广泛流行的内容平台之一，这一成绩是众多中国公司难以企及的，值得高度称赞。

根据官方数据，TikTok 目前全球日活跃用户已达 5 亿，这一数据与国内版抖音的日活跃用户数量相当。TikTok 覆盖全球 150 个国家，支持 75 种语言，并且涵盖了大量来自欧美的高消费力群体。在北美和欧洲地区，用户人均每天使用时长接近 50 分钟，与国内版抖音的使用数据相近，用户使用程度较高。结合字节跳动在海外的矩阵布局来看，TikTok 未来的发展前景十分广阔。

三、TikTok 和国内版抖音的 4 点区别

（1）内容调性不同。TikTok 与国内版抖音在内容调性上存在差异，相较于国内版抖音的同质化和商业化趋势，TikTok 更侧重于创意和自我表达。通过对 2019 年全网最热门的 50 个头部视频进行分析，可以发现一些有趣的 Meme（类似于国内网络上的"梗"）类别，例如 #POV（以物体为主观视角镜头）、#Walk a Mile（穿上各种奇怪的东西行走 1 英里）、#Microwave Challenge（模仿微波炉挑战）等内容。这些内容在 TikTok 上更为常见，反映出 TikTok 用户更倾向于通过独特、富有创意的内容来表达自我。

（2）准入门槛不同。TikTok 和国内版抖音在准入门槛方面有所不同，TikTok 相对于国内版抖音设置了更高的准入门槛。出于多种因素的综合考量，字节跳动从一开始就将国内版抖音和 TikTok 规划为 2 个独立的生态系统，二者之间并不互通，具体表现为国内大部分地区用户无法注册 TikTok 账号，甚至不能访问 TikTok 的主页。

（3）商业化程度不同。TikTok 和国内版抖音在商业化程度上存在明显区别，TikTok 目前的商业化进程相较于国内版抖音处于较为初级的阶段。在变现方式上，TikTok 目前主要通过导流至 YouTube、主页链接、直播打赏、连接独立站等方式实现，而且购物车功能仅在部分国家开通。相比之下，国内版抖音已经拥有较为成熟和多元化的商业模式。

（4）流量竞争力不同。由于 TikTok 用户规模的快速增长，同时缺乏像国内版抖音那样丰富的物质激励手段，导致其平台内容长期处于供不应求的状态。在这种情况下，相同质量的内容在 TikTok 上往往比在国内版抖音上更容易获得点赞。此外，与国内版抖音存在明显波峰波谷的流量时间周期不同，TikTok 在 24 小时内都有流量分布，其以社区化运营方式为主，积极鼓励达人创作并分享生活化的内容。

虽然 TikTok 和国内版抖音均为字节跳动公司旗下的产品，二者拥有极为相似的标识、底层逻辑、运算法则以及功能特点等，但实际上二者之间仍存在较大差异。

首先，海外用户习惯与国内用户习惯不仅存在差异，而且海外不同地区用户之间的习惯也大相径庭。例如，2021 年 TikTok 电商先后在印度尼西亚和英国推出小黄车，但两国用户的反馈差异显著。据媒体之前报道，在 2021 年 TikTok 电商 60 亿元商品交易总额中，印度尼西亚的占比达到七成。

其次，国内版抖音的带货模式已经相当完善，各种创新玩法层出不穷。然而，TikTok 的商业化和电商业务仍处于早期发展阶段，大致相当于 2018 年的抖音。目前，TikTok 电商仍处于各方探索阶段，尚未形成可大规模复制的成熟路径。

最后，尽管 TikTok 和国内版抖音在产品形态、内容、商业化布局等诸多方面具有很高的相似度，但由于 TikTok 目前的商业化处于早期阶段，之前国内版抖音的玩法和工具，包括上下游产业的服务商，如广告投放、直播 / 短视频带货、达人带货、星图、代运营代播机构、娱乐公会等，正在 TikTok 上重现。

四、TikTok 的变现方式和商业机会

（1）KOC（Key Opinion Consumer，关键意见消费者）"种草"。通过拍摄好物介绍、开箱评测等"种草"类视频来实现变现。在变现过程中，可以利用购物车（部分地区未开通）或者主页链接跳转到速卖通、亚马逊等购物平台或者独立站，进而通过赚取联盟佣金（类似淘宝客模式）或者 Dropshipping（代发模式）来获取收益。这种模式与国内版抖音的橱窗 / 小店类似，具有较强的普适性。

（2）网红 KOL。通过打造 KOL，借助接广告、接推广的方式实现变现。具体而言，可以通过 TikTok 官方推出的类似星图的撮合平台、代理机构或者个人进行接单，在拍摄推广视频后获得相应的佣金。这种变现方式更适合在海外拥有团队的 MCN 机构或者海外个人创作者。

（3）直播打赏。通过与观众进行互动，获取观众的打赏（Donate）从而实现变现。在这一过程中，达人能够获得打赏金额的 35%~55%。这种变现方式比较适合具备一定颜值且语言能力过关的个人和团队。

（4）直播间卖货。参照抖音的成功模式，直播间卖货是 TikTok 上一个非常重要的变现方式。在购物车功能开通之后，相关的直播变现工具也将同步上线，这将为商家和创作者提供更多的销售机会。

（5）电商。TikTok 推出了 TikTok Shop 这一电商平台，允许品牌在 TikTok 上建立自己的店铺，直接销售产品。这一电商平台为品牌提供了一个直接接触 TikTok 庞大用户群体的机会，有助于拓展市场，增加销售额。

第三节　TikTok 必学术语

1. 屏蔽

在 TikTok 语境下，"屏蔽"指的是由于多种原因（如地域版权、政策法规等），国内大部分地区用户无法下载和安装 TikTok App 的现象。这一限制是为了确保 TikTok 在不同地区能合规运营，以及遵循各个国家和地区的相关法律法规和市场规则。

2. 叠加推荐

这一概念适用于 TikTok 的视频或直播内容传播。所谓叠加推荐，是指内容被 TikTok 的算法系统逐步推送到更大范围、更多受众的流量池中的过程。具体而言，一般包括首次分发、二次分发、三次分发等多个阶段。首次分发时，视频或直播会被推荐给一小部分初始受众，如果这些受众对内容表现出较高的兴趣（如较高的点击率、较长的观看时长等），算法会判定该内容具有进一步推广的价值，从而将其推送到更大的二次分发流量池，以此类推。这种机制有助于优质内容获得更广泛的曝光机会。

3. 阶梯指标

阶梯指标是 TikTok 算法评估视频是否优质的核心依据，涵盖 5 个主要维度，分别是视频的完播率、点赞量、评论数、转发量和关注比。这些指标就像阶梯一样，从不同方面衡量视频的吸引力和

价值。完播率反映了视频内容是否能够吸引观众完整观看，点赞量表示观众对视频内容的认可程度，评论数体现了视频引发观众互动和讨论的能力，转发量展示了视频在观众群体中的传播潜力，关注比则反映了视频促使观众关注发布者账号的效果。算法综合考量这些指标来判断视频的质量，进而决定是否给予更多推荐。

4.完播率

完播率是衡量 TikTok 视频质量的一个重要指标，它表示视频完整播放完的次数与该视频全部播放量的比例。例如，如果一个视频被播放了 100 次，其中有 30 次是完整播放的，那么该视频的完播率就是 30%。完播率越高，说明该视频内容越能吸引观众持续观看，TikTok 算法就越倾向于判定该视频为优质视频，进而给予更多的流量推荐机会。

5.工作机

在使用 TikTok 时，为了保证账号的安全性和稳定性，用户每次打开 TikTok 前，需要对手机环境进行特定的设置及检测。因此，一般建议配备专门用于 TikTok 运营的"工作机"。与日常使用的手机不同，工作机可避免因手机环境不符合要求而引发账号安全风险，如被限流或封禁等。

6.最小盈利模型

对于 TikTok 初学者来说，最小盈利模型是一种重要的策略概念。它意味着需要迅速找到适合自己的变现模式，这个模式应该是在初期可利用资源和能力范围内可操作的。通过建立最小盈利模型，初学者能够较快地获得正向反馈，如赚到第一笔收入或者看到明确的盈利潜力。这不仅可以增强自信心，还能为后续批量化操作 TikTok 账号积累经验、奠定基础，有助于在 TikTok 平台上逐步扩大盈利规模。

7.标签

TikTok 拥有一套完善的标签系统，这一系统用于对用户、账号、视频等进行快速分类和定义。标签的精准性、垂直性至关重要，越精准、垂直的标签越能够高效地将目标用户与目标视频匹配在一起。例如，如果一个视频被贴上了"健身 – 有氧运动 – 家庭健身"这样精准、垂直的标签，那么对健身内容感兴趣，特别是关注家庭健身的用户就更有可能看到这个视频；反之，如果标签过于宽泛或者不准确，就会导致匹配效率低下，影响视频的曝光和传播效果。

8.流量池

流量池概念与 TikTok 的推荐量密切相关。TikTok 的算法将视频和直播划分到不同规模的流量池中，不同流量池的大小决定了内容的观看量范围。当视频或直播被 TikTok 算法判定为优质内容时，就会被推荐给更多的用户，也就是进入更大的流量池。例如，初始的流量池可能只包含几百个用户，如果内容在这个小流量池中表现良好（如有较高的互动率等），就会被推荐到包含数千甚至数万个用户的更大流量池，从而获得更多的观看量和曝光机会。

9.算法

算法是 TikTok 平台运行的一种筛选规则和机制，其目的在于高效地匹配内容与用户。TikTok 的算法机制是一个复杂的系统，主要包括标签属性、多重流量池、叠加推荐等多个方面。通过分析视频的标签属性，算法能够初步确定视频的内容类型和可能感兴趣的用户群体；多重流量池机制则根据视频在不同阶段的表现，将其分配到不同规模的流量池中进行推广；叠加推荐则进一步根据视频在各个流量池中的反馈数据（如互动率、完播率等），决定是否将视频推荐给更广泛的用户群体。这些算法机制共同作用，使得 TikTok 能够精准地将合适的内容推送给感兴趣的用户。

10. 权重

在 TikTok 平台上，权重可以理解为 TikTok 官方给予账号的一种"分值"。这个分值代表了账号在平台上的相对重要性和可信度。权重越高的账号，在平台上所拥有的权限就越大，如更有可能获得高流量的推荐、更多的功能使用权限等。相反，权重较低的账号，获得的推荐量会相对较少，播放量也会受到影响。账号的权重受到多种因素的影响，如账号的活跃度、发布内容的质量（包括视频的阶梯指标表现）、是否遵守平台规则等。

11. 谷歌三件套

在安卓手机上，如果要下载 TikTok，通常需要先安装"谷歌三件套"，即谷歌服务框架、谷歌 play 商店和谷歌 play 服务。谷歌服务框架是安卓系统上许多应用程序运行所依赖的基础服务框架，为 App 提供了诸如账号管理、推送通知等底层功能支持；谷歌 play 商店是安卓系统上的官方应用商店，提供了大量的安卓 App 供用户下载和安装；谷歌 play 服务则为 App 提供了程序接口（API），使得 App 能够实现更多的功能，如地图定位、支付等。这三件套共同构建了一个完整的安卓 App 生态环境，满足 TikTok 运行所需的一些基础条件。

12. ForYou

ForYou 是 TikTok 上的一个重要板块，它是 TikTok 为用户提供的个性化推荐系统。这个系统会根据用户的多种行为维度，如搜索记录、观看时长、下载数据等，对用户进行深入地分析，并为用户打上相应的标签。然后，TikTok 根据这些标签为用户推荐个性化的内容，这些内容可能是用户感兴趣的视频、话题或者账号等。通过 ForYou 板块，TikTok 能够提高用户对平台内容的满意度和黏性，使用户更容易发现自己感兴趣的内容并沉浸在平台中。

13. 视频源

视频源是指可以从中下载视频并上传到 TikTok 平台的内容来源，通常包括一些知名的短视频平台，如国内版抖音、快手等。这些平台上有大量丰富多样的视频内容，创作者可以从中选取合适的视频进行二次创作（如搬运并加工处理）或者获取灵感,然后将创作好的视频发布到 TikTok 平台上。需要注意的是，在使用视频源时，必须遵循相关的版权规定和平台规则。

14. MD5 值

MD5 值,英文全称为 Message – Digest Algorithm 5,是一种信息摘要算法。在 TikTok 的视频管理中，可以简单地将其理解为视频的"身份证号码"。每个视频都有其独特的 MD5 值。TikTok 平台通过对上传视频的 MD5 值进行查询对比，来判断视频是否为重复内容。

15. 查重

查重是 TikTok 平台为了维护内容的多样性和质量而采取的一种措施。平台会对用户上传的视频进行多方面的查询对比，其中包括对视频的 MD5 值进行检查。通过这种方式，TikTok 能够检测出平台上是否存在大量重复、劣质的视频内容。如果发现视频存在重复内容，平台可能会限制该视频的推荐量，或者根据具体情况采取其他相应的措施，以确保平台上的内容具有较高的原创性和价值。

16.BGM

BGM 是英文 Background Music 的缩写，中文翻译为"背景音乐"。在制作 TikTok 视频时，背景音乐是一个非常重要的元素。合适的背景音乐能够增强视频的氛围、情感表达力和吸引力，更好地吸引观众的注意力并引起情感共鸣。目前，TikTok 上有许多比较火的背景音乐，创作者可以根据视频的主题、风格和目标受众选择合适的 BGM，以提高视频的传播效果。

17.TSP

TSP 的全称为 TikTok Shop Partner。它是 TikTok Shop 电商平台生态中的一种重要角色，是指那些为商家或品牌提供多种电商服务的第三方公司。这些服务旨在协助商家或品牌在 TikTok Shop 电商平台上实现良性健康的发展。具体来说，TSP 会为商家或品牌提供诸如店铺运营指导、营销策划、客户服务支持等多方面的服务，同时也会在 TikTok Shop 电商平台上孵化电商作者账号，通过联盟带货的方式为商家或品牌服务，并以坑位费、佣金、广告品宣等形式实现自身盈利。

18.MCN 机构

MCN 是英文 Multi-Channel Network 的缩写，指多频道网络。TikTok 跨境 MCN 机构主要为 TikTok Shop 上的商家或品牌提供服务。其核心业务是帮助商家或品牌在 TikTok Shop 开展孵化电商作者账号（如 KOL）的业务。MCN 机构通过旗下的作者账号，利用联盟带货的方式为商家或品牌服务，并通过收取佣金、坑位费或者进行广告品宣等形式实现变现。MCN 机构在 TikTok 的电商生态中扮演着连接商家与达人的重要角色，它能够整合资源，为双方提供更多的商业机会和发展支持。

19.TAP

TAP 全称为 TikTok Shop Affiliate Partner，其定位是 TikTok Shop 商家和海外达人之间的交易撮合服务商，类似于国内版抖音团长的角色。TAP 的主要职责是在商家和海外达人之间搭建桥梁，促进双方的合作。它会根据商家的需求和海外达人的特点，进行精准的匹配和撮合，帮助商家找到合适的达人进行产品推广，同时也为达人提供合适的商业合作机会，从而推动 TikTok Shop 的电商业务发展。

 **从设置手机到注册 TikTok 账号**

第一节 分析 TikTok 无法使用的原因

1.TikTok 的限制机制

TikTok 的运营方将国内版抖音和 TikTok 区分开来，在国内没有专门的运营和推广计划，主动屏蔽了国内主要运营商的手机卡，导致国内大部分地区用户无法直接使用。

2.TikTok 无法下载

在国内大部分地区手机用户的 App 商城里面只有国内版抖音，没有 TikTok App 供下载。

3. 下载 TikTok 需要解决的问题

（1）运营商与网络问题。国内主要运营商通常难以直接连接到 TikTok 服务器。虽存在备案的跨境网络专线，但可能出现网络不稳定、速度缓慢等情况。因此，需要努力寻找更加优质、稳定的网络环境。

（2）GPS 定位问题。GPS 定位会对 TikTok 的内容推荐和功能产生影响。我们在设置手机的时候可尝试修改定位，同时需要进一步探索合适的网络解决方案来应对这一问题。

（3）语言环境问题。可在手机"设置"中调整界面语言，当涉及内容理解和交流问题时，可借助翻译工具来解决问题。

第二节 模拟工作机运营环境

一、选择合适的设备

在工作机的选择上，我们需要清楚的是，无论是苹果手机还是安卓手机，都可以运营 TikTok 账号，但其各有优劣，因此安全指数、购买成本、易操作性、是否保值等都是我们考虑的因素，并且在软件安装等方面也有所差异。

1.关于苹果手机

苹果手机的系统比较稳定，使用苹果手机操作 TikTok 账号，被官方限流、封号的风险小于安卓手机。而且初期容易上手操作，对于 TikTok 新手而言，可有效减少前期的研究成本，提高效率。因此，苹果手机比较适合 TikTok 账号精细化运营。

2.关于安卓手机

安卓手机的品牌非常多，除了价格相对便宜外，可选择的范围也更广。然而更广也意味着不同的手机在设置、操作等方面，都存在细节上的不同和注意点。初期上手难度略高，不过一旦熟悉了各种操作，后期也会得心应手。

我们目前使用的机型有 iPhone8（64G）、iPhoneX（128G，美版和欧版）、谷歌 Pixel 3XL。需要注意的是，我们不建议使用鸿蒙系统手机，因为其对谷歌框架的兼容性不好。

二、设置苹果手机

1.还原苹果手机

在裸机状态下，打开手机"设置"，找到"通用"选项，进入"通用"选项后下划选择"传输或还原 iPhone"选项，再选择"抹掉所有内容和设置"选项，在新弹出的界面中选择"继续"选项，最后选择"抹掉 iPhone"。具体操作如图 2-1 至图 2-6 所示。

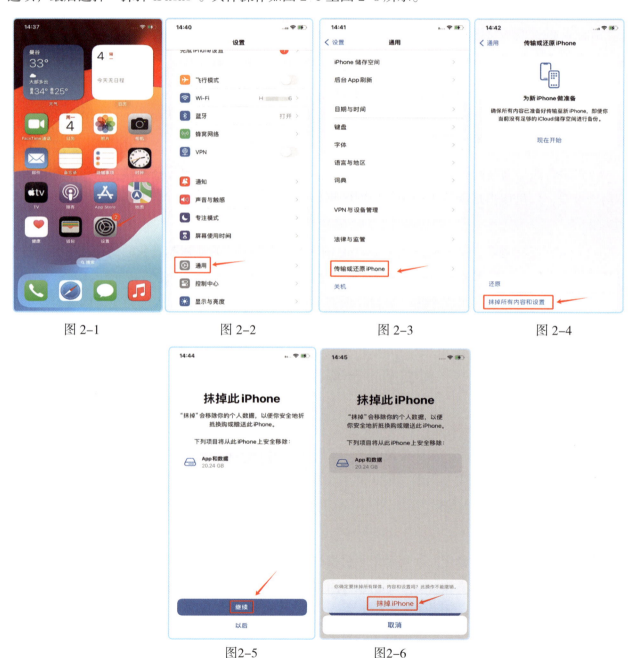

图 2-1　　　　　　图 2-2　　　　　　图 2-3　　　　　　图 2-4

图2-5　　　　　　图2-6

2.苹果手机开机设置

在手机重新开机的过程中，我们需要根据国家选择语言，国家和语言应一一对应。当我们对外文不熟悉的时候，可先将语言设置成中文，再选择目标国家，在应用商店登录苹果 ID 账号后，再返回"设置"的"通用"里面修改成目标国家的语言。具体操作如图 2-7 至图 2-34 所示。

刷机

　　如果想刷成其他国家，但是不懂其语言，可以先按相关法律法规要求刷成中文，即：中文→相应国家（泰国等）→自动设置→连接 Wi-Fi →等待几分钟→数据与隐私（继续）→人脸识别（稍后设置）→创建密码（密码选项→不使用密码）→应用和数据（不要传输应用程序和数据）→苹果 ID 账号（忘记密码或没有苹果 ID 账号→在设置中稍后设置→不使用）→条款和条件（同意）→让你的 iPhone 保持最新状态（继续）→ iMessage 和 FaceTime（继续）→位置服务（不分享）→ siri（稍后设置）→屏幕时间（稍后设置）→ iPhone 分析（不共享）→外观（继续）→进入桌面。

　　注意：应用和数据、苹果 ID 账号（在苹果商城里登录）、位置服务、iPhone 分析等不要暴露。

图 2-7　　　　　　　　图 2-8　　　　　　　　图 2-9　　　　　　　　图 2-10

图 2-11　　　　　　　图 2-12　　　　　　　图 2-13　　　　　　　图 2-14

图 2-15   图 2-16   图 2-17   图 2-18

注　意

如图 2-17 至图 2-20 所示，一定不要设置密码，因为后期手机多了，密码可能弄混、忘记。

如图 2-21 所示，该手机要作为运营专用机，不要残留其他数据，选择"不传输任何内容"选项。

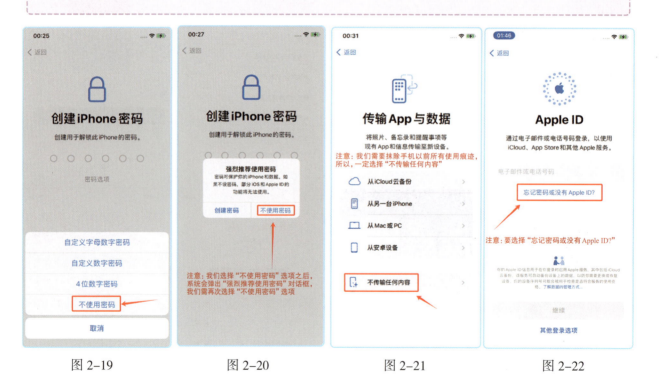

图 2-19   图 2-20   图 2-21   图 2-22

如图 2-22 至图 2-24 所示，前文说过国内大部分地区不能使用 TikTok，所以苹果 ID 账号一定要是海外的，那么此处选择不登录，等后续我们再在苹果商店里面登录海外苹果 ID 账号。

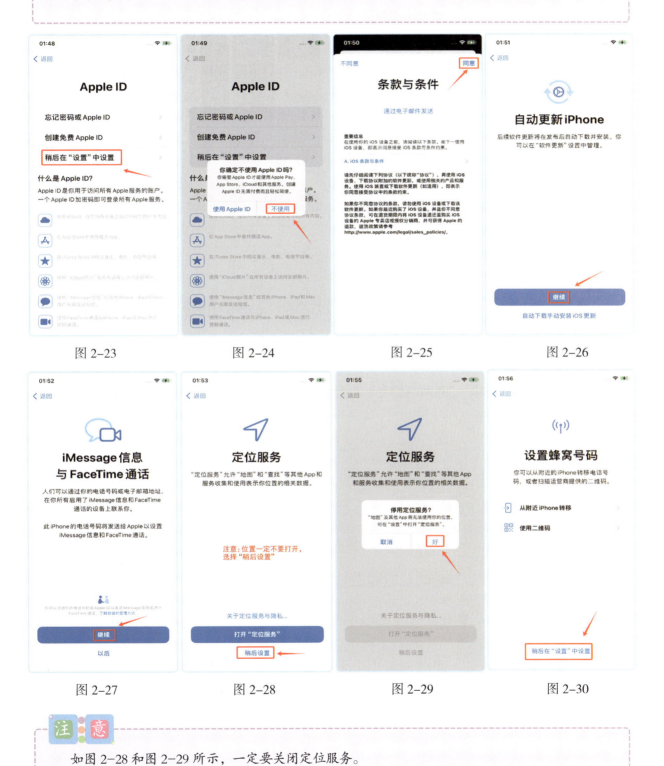

图 2-23　　　　　　图 2-24　　　　　　图 2-25　　　　　　图 2-26

图 2-27　　　　　　图 2-28　　　　　　图 2-29　　　　　　图 2-30

如图 2-28 和图 2-29 所示，一定要关闭定位服务。

如图 2-32 所示，一定要在"iPhone 分析"界面选择"不共享"选项。

图 2-31　　　　　　图 2-32　　　　　　图 2-33　　　　　　图 2-34

3.刷机后的检测

刷机之后,需要对手机进行检测,先在"隐私与安全性"选项中将定位、运动、广告等相关功能关闭;再在"通用"选项中更改日期与时间、语言(语言可在登录苹果 ID 账号之后再修改)与地区设置。

(1)隐私(全部关闭)。在手机桌面打开"设置",在"设置"中下划找到"隐私与安全性",关闭"定位服务""跟踪""健康""运动与健身""分析与改进""Apple 广告""App 隐私报告"。具体操作如图 2-35 至图 2-38 所示。

图 2-35　　　　　　图 2-36　　　　　　图 2-37　　　　　　图 2-38

（2）通用。先在"设置"中选择"通用"，找到"日期与时间"选项，关闭"自动设置"，再选择对应的"时区"；再在"语言与地区"中检查"地区""日历"（选择公历），修改语言。具体操作如图 2–39 至图 2–46 所示。

图 2–39　　　　　　　图 2–40　　　　　　　图 2–41　　　　　　　图 2–42

> **注意**
>
> 如图 2–44 所示，语言可以在 App 下载完之后，再返回"通用"界面，在"语言与地区"中进行更改。

图 2–43　　　　　　　图 2–44　　　　　　　图 2–45　　　　　　　图 2–46

三、在手机里面下载相关 App

1.注册海外苹果ID账号

选择目标国家或地区，具体见图 2-47，邮箱和手机号码用自己常用的就可以。

注册入口：https://appleid.apple.com/account

小提示

在下载 App 之前必须登录当地国家的苹果 ID 账号。所以第一步是注册海外苹果 ID 账号或者购买苹果 ID 账号。

图 2-47

2.给苹果ID账号充值的方法

苹果商城很多 App 都是需要付费的，比如使用升级版本的 ChatGPT-4，就需要给苹果 ID 账号充值，充值苹果 ID 账号、下载付费 ChatGPT-4 具体步骤如下。

小提示

由于需要用到的一些 App 在苹果应用商店需要付费，因此我们可以用支付宝充值或双币信用卡充值。

一般我们充值 25 美元，因为 ChatGPT-4 需要 19.9 美元 / 月，而且后续我们需要的网络 App 也是付费 App。

（1）充值美国苹果 ID 账号前，先要打开支付宝，修改支付宝位置，如图 2-48 和图 2-49 所示。

图2-48　　　　　　　图2-49

（2）在定位这里，选择国家"美国"，选择该国家任意一个地区，会出现"大牌折扣礼卡"，点击该选项，会发现很多折扣礼卡，再点击右上角"搜索"，搜索iTunes。如图2-50至图2-53所示。

图 2-50　　　　　　图 2-51　　　　　　图 2-52　　　　　　图 2-53

（3）搜索 iTunes 之后可以看到苹果商城的界面了，点击该选项填写对应的信息，选择充值（如购买 ChatGPT-4，是 19.9 美元 / 月，但只充值 20 美元是不够的，因为美国还有消费税，一般要多充值一些）。如图 2-54 至图 2-57 所示。

图 2-54　　　　　　　图 2-55　　　　　　　图 2-56　　　　　　　图 2-57

（4）充值付费成功以后，等待 1 分钟左右，然后进入订单列表，找到付费记录，查看礼品卡。如图 2-58 至图 2-61 所示。

图 2-58　　　　　　　图 2-59　　　　　　　图 2-60　　　　　　　图 2-61

（5）随后打开苹果商城，找到"兑换充值卡或代码"，点击下方的"手动输入兑换码"，把购买的礼品代码粘贴进去，随后点击"兑换"，兑换成功即表示充值成功。如图 2-62 至图 2-65 所示。

图 2-62 图 2-63 图 2-64 图 2-65

（6）看到了苹果 ID 账号的余额之后，再打开 ChatGPT-4 进行购买。如图 2-66 至图 2-69 所示。

图 2-66 图 2-67 图 2-68 图 2-69

小提示

这里介绍美国苹果 ID 账号的充值方法是为后续下载必备 App 做准备，因为在苹果商城的 App 是需要付费的，比如我们这里举例的 ChatGPT-4，付费之后可以生成图片。

除了下载 App，苹果 ID 账号里面的余额，我们也可以用于 TikTok 视频投流加热操作。

3.更改苹果ID账号与密码的方法

如果担心忘记苹果 ID 账号，可登录苹果官网来更改账号和密码。如图 2-70 所示。

图 2-70

4.登录苹果ID账号的步骤与注意事项

在运营 TikTok 的手机上的苹果商城上登录苹果 ID 账号。如图 2-71 所示。

图2-71

打开苹果商城 App，在弹出的对话框中选择"继续"和"关闭个性化广告"选项。选择右上角符号" 🔵 "，选择"通过 Apple ID 登录"，先输入"账号"再点击"继续"，等待发过来的验证码。具体操作步骤如图 2-72 至图 2-77 所示。

图 2-72   图 2-73   图 2-74   图 2-75

图 2-76　　　　　　　　图 2-77

5. 下载必备 App

　　TikTok 和 CapCut 必须下载，同时也要下载一个解决网络问题的 App，翻译 App 可以下载也可以不下载。如图 2-79 所示。

小提示

CapCut 可用于解决剪辑方面的问题。

翻译 App 可解决翻译方面的问题。

解决网络问题的 App，根据自己喜好下载。

图2-79

　　在苹果商城登录苹果 ID 账号之后，点击右下角放大镜符号，搜索相关 App。如图 2-80 和图 2-81 所示。

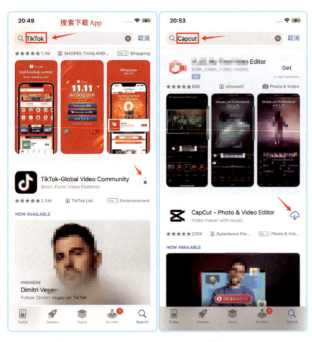

图 2-80   图 2-81

使用国外 App，必须使用国外网络。

在刷机后的检测过程中，我们可以先不将语言改成目标国家语言，而是将所有 App 都下载好之后，或者成功登录苹果 ID 账号之后，再返回"设置"中，将语言改成目标国家语言。

6.购买国际备案网络

在从事跨境电商业务时，经常需要使用国际备案网络。我们可以向中国联通、中国移动或者中国电信这3大运营商进行咨询并办理相关业务，务必使用专门做了备案的网络。在进行网络配置之前，我们需要对常见的 IP 属性有清晰的认识。常见的 IP 属性有：

（1）isp（家庭住宅 IP）。这类 IP 基本源自家庭住宅网络。其网络稳定性与家庭网络环境相似，速度和带宽会受到家庭网络套餐的制约。不过，在某些情况下，它可能被 TikTok 视作更接近真实用户的网络环境。

（2）hosting（托管类型 IP）。这种 IP 属于机房或者数据中心。它通常具备较高的稳定性和较大的带宽，比较适合那些需要频繁进行大量数据上传和下载的电商运营场景。但由于这类 IP 是数据中心的 IP，TikTok 可能会对其进行更严格的审查，因此必须确保其符合 TikTok 的使用规则。

（3）business（商业 IP）。这是用于商业用途的 IP，主要分两种：一种是托管在机房但并不提供服务器使用的 IP；另一种是分配给企业的宽带 IP，类似企业专线宽带。商业 IP 的安全性和稳定性较高，适用于商业运营环境，不过也要留意 TikTok 针对商业 IP 使用的相关规定。

再次强调，私自使用未经授权的网络服务（如私自搭建 VPN 等访问外国网站的行为）可能存在法律风险，请确保所有网络操作都在合法合规的框架内进行。

第三节　注册 TikTok 账号

从注册界面上可以看出，TikTok 的注册方式有以下几种（见图2-82）：手机号码注册（需要境外的手机号码）、邮箱注册、Facebook 账号注册、Apple 注册、Google 账号注册、Instagram 账号注册和 X（原 Twitter）账号注册（不同国家不一样）。接下来详细介绍手机号码和邮箱注册的操作方法及其利弊。

（a）　　　　　　　　（b）　　　　　　　　（c）

图2-82

用手机号码注册的账号权重通常比邮箱注册的权重稍微高些！

修改 App 里的语言的方法见第三章内容。

一、手机号码注册 TikTok 账号

1.TikTok账号注册的手机号码限制

注册 TikTok 账号时，必须使用境外手机号。这是受多种因素影响的结果，例如地区运营政策的差异以及网络环境的不同等。

2.国外手机号码的获取方式

在实际操作过程中，大家往往会面临国外手机号如何获取的问题。一般来说，有2种常见的方式。

（1）方式一：借助海外朋友或电商平台

①求助海外朋友。一种方式是让海外朋友帮忙采购手机号码或者接收验证码来完成注册。这种方式相对比较可靠，因为是基于真实的人际关系。海外朋友可以在当地按照正常的流程获取手机号码，并在注册 TikTok 账号时提供必要的帮助，如接收验证码等。

②电商平台。不过，在通过电商平台获取手机号码时需要格外谨慎，要确保这种方式符合相关法律法规和平台规定。

（2）方式二：虚拟接码网站注册

这种方式相对便捷，但必须注意合法性和安全性问题。在使用虚拟接码网站时，要确保网站的信誉度，避免因使用不可靠的网站而带来风险，例如账号被封禁或者个人信息泄露等。

3.手机号码注册TikTok账号详细步骤

注 意

为方便读者学习，此部分内容以英文界面为主。如果对语言不熟悉，可以按照第三章内容将App内文字改为中文（但是手机的系统语言必须是目标国家语言）。

打开手机上的 TikTok App。具体注册步骤如图 2-83 至图 2-94 所示。

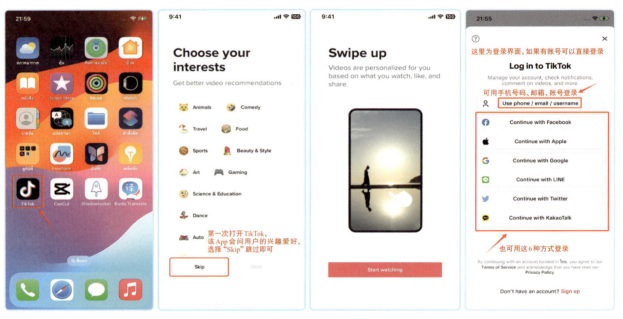

图 2-83　　　　　　图 2-84　　　　　　图 2-85　　　　　　图 2-86

图 2-87　　　　　　图 2-88　　　　　　图 2-89　　　　　　图 2-90

图 2-91　　　　　　　　图 2-92　　　　　　　　图 2-93　　　　　　　　图 2-94

二、邮箱注册 TikTok 账号

1.注册一个邮箱

任何邮箱都可以注册 TikTok，但是一般建议用 Gmail 邮箱或者 Outlook 邮箱来注册。具体注册邮箱的流程如下，这里以 Outlook 邮箱注册为例：

（1）在浏览器中输入 www.outlook.com，注册 Outlook 邮箱。点击"创建免费账户"进行注册。如图 2-95 所示。

图2-95

（2）创建一个邮箱，输入邮箱名，再设置密码。具体如图 2-96 和图 2-97 所示。

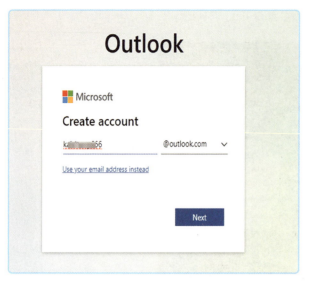

图2-96

图2-97

（3）创建名字和生日。在该界面创建用户姓名，点击"Next"，填写用户生日。如图 2-98 和图 2-99 所示。

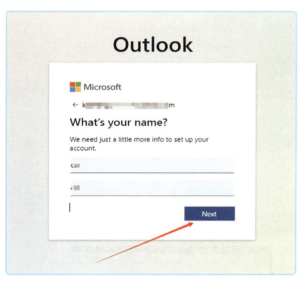

图2-98

图2-99

（4）验证邮箱。一步一步地回答问题，验证邮箱。验证过程可能比较麻烦，但耐心验证相关问题就可以通过。这样就得到一个邮箱了。

（5）注册完邮箱之后就可以注册 TikTok 账号了。

2. 用邮箱注册 TikTok 账号具体步骤

用邮箱注册 TikTok 账号和手机号码注册步骤类似，只需要选择邮箱注册即可。如图 2-100 所示。

图 2-100

小提示

如果觉得邮箱申请流程麻烦，可以使用企业邮箱，也可以直接采购邮箱。

三、第三方账户注册

只要你用第三方账户注册，如 Apple 账号注册、Facebook 账号注册、Google 账号注册、Instagram 账号注册、Twitter 账号注册，点击相应的注册按钮就可以注册了，这里不做过多演示。

小提示

我们一般会选择手机号码或邮箱注册 TikTok 账号。2019 年至 2022 年，凯盛一直采用邮箱注册方式注册，因为对于做矩阵短视频来说，这样的成本比较小，效率比较高。

2024 年，凯盛使用手机号码注册 TikTok 账号比之前多，因为发现手机号码注册的 TikTok 账号被筛选出来的优质账号会比邮箱注册的高。

第三方平台的账号用来同步注册 TikTok 账号后，我们发现权重比邮箱注册的账号及手机号码注册的账号还好，我们认为用第三方平台注册的账号会被 TikTok 认定是一个真实的活跃用户。

 第三章　　TikTok 账号基础设置

第一节　TikTok 账号三件套设置

一、头像设置

先点击主页上方""图标，下方弹出"Take photo""Upload photo""Cancel"选项后，选择"Upload photo"选项，弹出如图 3-2 所示对话框，然后选择"Allow Access to All Photos"选项，在手机里面找到合适图片，最后选择"Save"选项，图片就被成功设置成头像了。操作步骤如图 3-1 至图 3-3 所示。

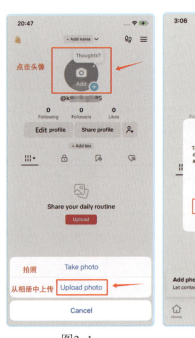

图3-1

图3-2

图3-3

> 注意
>
> 如果手机相册里面没有合适的图片，我们可以选择"Take photo"直接拍摄一张图片作为头像。

二、账号名称设置

修改账号名称的操作步骤如图 3-4 和图 3-5 所示。

在个人主页中选择"Edit profile"（编辑个人主页），如图 3-4 所示。在弹出的"Edit profile"页（见图 3-5），选择"Username"修改个人账户名，选择"Name"修改自己的昵称。"Username"就是账号名称，可用其加密码登录账号。

第二篇　TikTok Shop 运营

目 录

第一篇　达人短视频带货

以及营销思路也在本书的分享范围内，运营者可以根据目标用户的需求来挑选合适的产品，从而提高销售转化率。书中还会讲解一些原创拍摄与剪辑的理论知识，助力大家快速产出优质素材，实现账号高效运营。在达人短视频出单回款方面，本书会阐述 MCN 机构的重要作用，以及如何查看出单数据和回款情况。

在"TikTok Shop 运营"这一篇中，介绍了店铺的基础认知和入驻流程，包括跨境店铺和本土店铺的注册方法。跨境店铺的基础设置内容，如保证金缴纳、账号绑定、仓库设置、结算账户绑定和 IM 客服设置等都会详细讲解。

除此之外，本书也会深入探讨东南亚跨境小店发布商品的方法，包括商品上传和定价策略、发货流程等。同时，全面研究店铺运营的各个环节，如联盟带货（联盟带货概念、优势、计划创建和达人建联技巧）、商城（商城认识、流量提升和营销活动）、直播（直播前的准备工作、直播中的操作要点与技巧、直播后的复盘）和投流（投流的原因、广告主注册、投流实操和数据优化）。

本书内容丰富，包括 TikTok 的各种功能介绍，内容创作技巧、市场策略介绍，店铺运营、品牌建设心得等。本书凝聚着我对这个充满活力的平台的热爱，也体现了我在电商领域分享知识的坚定承诺。无论你是刚接触 TikTok 的新手，还是正在寻求业务拓展的跨境电商运营者，这里都有你需要的资源和支持。

我们欢迎各个行业的读者加入我们的行列，愿你通过阅读本书，在 TikTok 上踏上实现梦想和目标的征程。在这个征程中，凯盛将是你最坚实可靠的伙伴。让我们一起去挖掘 TikTok 的无限潜力，书写属于你的成功篇章。期待在 TikTok 上见证你的成长与辉煌！

王青彩（菜菜）　　微信公众号

相关内容不排除因官方政策等原因发生变化。各位读者也可以添加主编联系方式，本书内容为 2024 年底前的信息，最新内容后续将在微信公众号不定期分享，敬请留意。

前言

我是 Charley，一名在 TikTok（抖音海外版）上拼搏了 6 年的创业者。2019 年末，我从新加坡归国后，便全身心地投入到 TikTok 相关业务中。在这个数字化浪潮汹涌澎湃的时代，TikTok 已然成为连接全球市场的关键桥梁。

我与合作伙伴王青彩（菜菜）于 2021 年创办了深圳凯盛跨境信息技术有限公司（以下简称"凯盛"），凯盛致力于通过"矩阵短视频＋网红达人＋广告投放＋直播带货"的模式为品牌出海产出本土化原创内容，解决品牌出海语言不通、市场陌生、文化不同等痛点，实现品牌出海、产品曝光、销售转化。凯盛业务覆盖英国、法国、西班牙、意大利、美国、巴西、印度尼西亚、泰国、马来西亚及菲律宾等国。凯盛主要业务板块涵盖 TikTok 短视频带货、店铺运营、MCN+TAP 机构运营、独立站运营、品牌出海运营、外贸出口以及企业孵化。

作为凯盛的创始人，我有幸目睹并参与了 TikTok 作为商业平台崛起的历程，其崛起速度之快，令人惊叹。在本书里，我将与我的伙伴们一起，从零开始，向大家分享如何在 TikTok 上做出成功的达人带货短视频的方法，介绍跨境电商的实操经验，希望能为初学者和有志于此的朋友提供实用的指导和灵感源泉。

TikTok 拥有庞大的用户群体，其算法推荐机制极为精准，能够把内容准确推送至目标受众，并且大力鼓励创新和个性化展现。这为创作者和商家开辟了广阔无垠的发展天地和高效便捷的营销路径，让每一个人都有机会在这个平台上绽放独特的光彩。本书深入剖析了"TikTok 的现在与未来"，内容涵盖玩 TikTok 的理由、TikTok 的生态系统以及玩转 TikTok 必须掌握的术语等，助力读者全方位了解这个平台。

在"达人短视频带货"这一篇中，详细阐述了从手机设置到 TikTok 账号注册的完整流程。尽管由于一些特殊原因，TikTok 在国内大部分地区无法直接使用，但书中会教大家如何模拟工作机运营环境，从而顺利完成账号注册，这是开启 TikTok 商业之旅至关重要的第一步。随后，书中会进一步介绍账号的基础设置以及基础运营的要点，包括带货权限开通设置、发布视频的完整步骤、视频运营技巧、视频数据分析方法和常见问题的解决策略。同时，选品的方法与技巧、选品工具

《TikTok 实操指南》编委会

主　编

王青彩

副主编

曹凯胜（Charley）

柯昌春（Kalodata）

发哥（TKFFF）

黄　琳

罗文佐

编　委

彭阿君　朱玉倩

在"Edit profile"中，我们可以设置头像。

图3-4　　　　　　　　　　图3-5

小提示

（1）关于昵称：图 3-5 中"Name"，相当于一个国内版抖音的名字，7 天之后可以更换。不要有品牌词、名人名字，也不要带敏感词。

（2）关于账号：图 3-5 中"Username"，相当于一个国内版抖音的账号，具有唯一性，30 天之后可以更换。不要使用随机字符，也不要多个号连续关联，如"handle_01""handle_02"这样，以及不要包含知名人物的名字。

（3）关于头像：不要用带品牌标识和 IP 版权（如米老鼠）的图片，不要包含宗教类特殊符号。

（4）关于注册年龄选择：埃及 ≥ 21 岁，日本 ≥ 20 岁，韩国 ≥ 19 岁，其他国家或地区 ≥ 18 岁。

（5）其他：短期如果注册多个账号不要用同一个密码，短时间内不要连续不间断地注册账号。

三、个人简介

在个人主页中选择"Edit profile"，如图 3-4 所示。在弹出的"Edit profile"页（见图 3-5），选择"Bio"添加个人信息，输入如"Hi！Nice to meet you！"（见图 3-6），最后选择"Save"即完成简介添加。

图 3-7 是个人账号以及个人简介设置完成后的界面。

图3-6

图3-7

第二节　TikTok 账号其他巧妙设置

一、绑定邮箱

邮箱验证与绑定的具体操作如图3-8至图3-11所示，通过绑定邮箱可以修改TikTok账号和密码。

图 3-8　　　　　图 3-9　　　　　图 3-10　　　　　图 3-11

二、更改 TikTok 的语言

点击右上角"☰"，选择并点击"⚙"符号，下划找到"Ａ"，点击后选择最上面的语言">"选项。找到自己常用的语言后，选择相应的语言，这样就设置好了语言。具体操作如图 3-12

至图 3-15 所示。

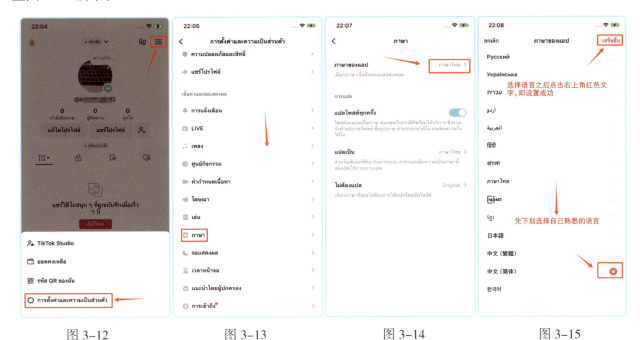

图 3-12　　　　　　图 3-13　　　　　　图 3-14　　　　　　图 3-15

三、主页上挂独立站链接

当 TikTok 账号粉丝达到 1000 以上时（见图 3-16），就可以挂上自己的独立站了。如图 3-17 所示，粉丝 1000 以上的账号，就可以看到"Website"选项，在此处就可以挂上自己的独立站等引流网站。

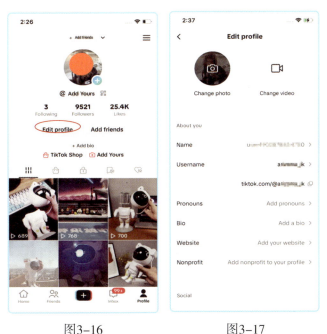

图3-16　　　　　　　　图3-17

四、查找 UID

UID 相当于账号的唯一身份标识，与我们的身份证号一样，具有唯一性。

点击右上角"☰"，选择并点击"⚙"符号，界面往下拉，连续点击 5 次版本号后，会出现 UID。如图 3-18 至图 3-20 所示。

图3-18   图3-19   图3-20

五、一机怎么登录多号

打开头像上方的下拉符号"⌄"，再点击"Add another account"添加新的账号，选择"Sign up"注册新的账号，或者选择"Log in"再登录一个账号。具体操作如图 3-21 至图 3-24 所示。

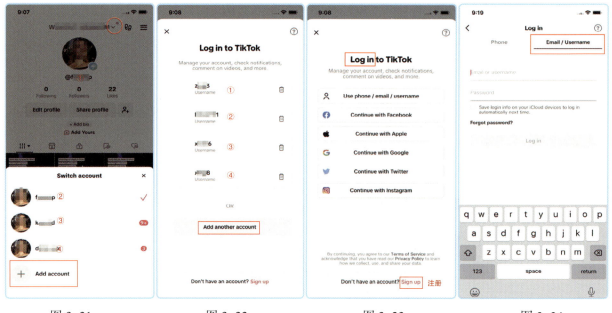

图 3-21   图 3-22   图 3-23   图 3-24

小提示

一台手机最多可登录 8 个账号，但建议登录 2 个就可以了，具体情况具体分析。

进入 TikTok 时，会有 2 个选项，一个是登录，一个是注册。如果没有账号就需要先注册账号，如果有账号就选择登录。登录进去之后，可注册新的账号或登录更多账号。

六、实名认证

（1）点击右上角"$\equiv$"，选择并点击"$\clubsuit$"，再依次点击"Account""Verification"，就可以进入实名认证界面。具体如图 3-25 至图 3-28 所示。

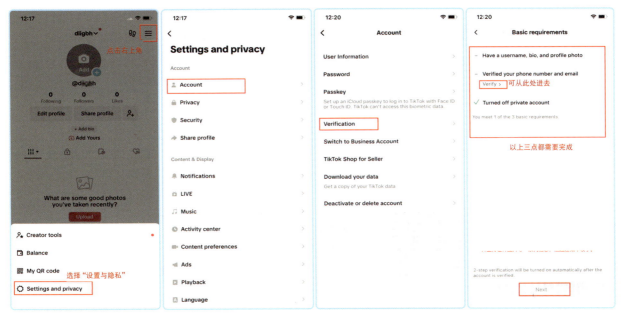

图 3-25   图 3-26   图 3-27   图 3-28

（2）点击图 3-28 中的"Next"之后，会进入实名认证界面，在该界面将实名认证资料填进去，最后就会显示实名认证成功的界面（见图 3-29）。

图 3-29

（1）TikTok Shop 绑定官方达人账号也需要实名认证，店铺账号绑定具体步骤，见店铺相关内容。

（2）实名认证资料主要是指外国人的驾驶证、护照等，相当于中国人的身份证。

第三节　TikTok 账号功能界面

TikTok 账号功能界面，包括主页、选品广场、联盟订单、佣金提现等。

一、TikTok 账号首页

如图 3-30 所示，该页为个人中心主页，我们可以看到一些常见按钮。

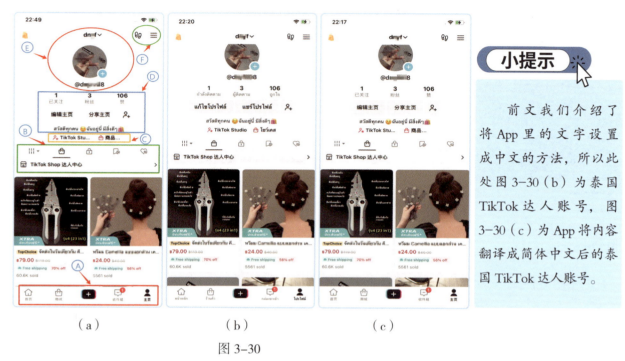

（a）　　　　　　　（b）　　　　　　　（c）

小提示

前文我们介绍了将 App 里的文字设置成中文的方法，所以此处图 3-30（b）为泰国 TikTok 达人账号，图 3-30（c）为 App 将内容翻译成简体中文后的泰国 TikTok 达人账号。

图 3-30

1. A 区域

👤：个人主页按钮，点击该选项可以看到个人主页（见图 3-30）。

🗨：收件箱按钮，当该按钮上方有红点的时候，表示有其他账号或平台给该账号发消息。

🛍：商城按钮，点击该按钮可以进入商城，该图标在图 3-30（c）中出现两次，最下方的"🛍"表示商城，上方"🛍"表示该账号有带货权限。

🏠：首页按钮，点击该按钮，可以刷短视频，和国内版抖音类似。

➕：发布视频按钮，点击该按钮，可以上传视频。

2. B 区域

⦀▾：点击该按钮，可以看到自己发布的公开视频。

🛍：橱窗按钮，一般新注册的账号的 B 区域没有该按钮，当出现该按钮时则表示该 TikTok 账号拥有带货权限。

🔒：点击该按钮，可以看到自己发布的仅自己可见的视频。

🔖：自己在刷视频时，收藏的视频。

♡：自己在刷视频时，点赞的视频。

🏪：TikTok Shop 达人中心，点击进入选品广场，将商品加入自己的橱窗。

3. C 区域

👤：点击该按钮，进入创作者中心，分析该账号发布的视频的数据，如图 3-31 所示。

：点击该按钮，进入该账号的商品橱窗，如图 3-32 所示。

图3-31　　　　　　　　　图3-32

4. D区域

（1）这里的数字分别显示该账号关注多少其他账号（已关注 1）、该账号拥有多少粉丝（粉丝 3）、过去发的视频得到多少个赞（赞 106）。

（2） 编辑主页 ：见图 3-30（a），该按钮下可以编辑相关资料，如前文介绍的昵称、简介、网站等。

（3） 分享主页 ：见图 3-30（a），该按钮下可以将自己的 TikTok 账号通过链接或者扫一扫的方式分享出去，如图 3-33 所示。

（4） ：点击该按钮可以添加好友，如图 3-34 所示。

图3-33　　　　　　　　　图3-34

5. E区域

（1）最上方显示账号昵称，点击昵称后的"∨"可以切换账号，如前文提到的一机登多号，如

图 3-35 所示。

（2）中间的图片为该账号的头像。

（3）@ 后面的字母为该账号的 handle，可以用 @ 后面的字符加密码来登录该账号。

图3-35

6.F区域

（1）☰：点击后，下方会弹出"TikTok Studio""余额""我的二维码""设置与隐私"选项，如图 3-36 所示。

（2）☷：点击这里可以看到主页访问记录，如图 3-37 所示。

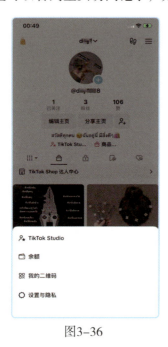

图3-36　　　　　　　　图3-37

二、选品广场界面

选择"TikTok Shop"按钮，进入"TikTok Shop 达人中心"，下划找到"选品广场"可以进入"选品广场"界面。如图3-38和图3-39所示。

图3-38

图3-39

三、联盟订单与提现界面

选择"TikTok Shop"按钮，进入"TikTok Shop达人中心"，下划找到"收益"，然后找到"联盟订单"，在该界面可进行提现操作。如图3-40和图3-41所示。

图3-40

图3-41

注意

打开橱窗或者点击"TikTok Shop"可以进入"TikTok Shop达人中心"，在该界面下划可以进入"选品广场"，将产品加入橱窗；"管理商品橱窗"可以删除不想带的产品；"收益"中可以看到提现余额、历史订单等。

 第四章

TikTok 账号基础运营

第一节 开通带货权限

一、开通美区带货权限

1.满5000粉丝开通电商带货权限

TikTok 账号满 5000 粉丝可开通美区带货权限，但需要实名认证。点击右上角"三"，选择并点击"Creator tools"，进入"TikTok Shop for Creator"，里面会出现"Get rewards and earning opportunities"，查看"是否满 5000 粉丝，18 岁以上"，如果满足条件可以选择开通权限（可能需要实名认证），开通权限之后，点击右上角的"Skip"，返回主页刷新界面，出现小黄车。在美区提现的时候需要实名认证。

2.0粉丝开通电商带货权限

TikTok 账号 0 粉丝开通带货权限有 2 种情况：一种是店铺主账号绑定开通，另一种则是通过美区 MCN 机构开通。

二、开通东南亚带货权限

1.满1000粉丝开通电商带货权限

通过技术手段涨粉或者自己做内容涨粉，当 TikTok 账户满 1000 粉丝后，点击主页右上角"三"，选择并点击"Creator tools"，进入"TikTok Shop for Creator"，申请开通带货权限即可。如图 4-1 和图 4-2 所示。

图4-1

图4-2

没有 MCN 机构参与的情况下需要实名认证，通过本地卡回款。

2.0粉丝开通电商带货权限

TikTok 账号 0 粉丝开通带货权限有 2 种情况：一种是店铺主账号绑定开通，另一种则是通过东南亚 MCN 机构开通。

<h1 style="text-align:center">第二节 发布视频全路径</h1>

一、将视频在电脑和 TikTok 手机上互传

我们常用"爱思助手"软件上传视频，用数据线将手机和电脑连接，打开电脑端爱思助手软件，TikTok 手机会自动下载爱思助手软件。

（1）手机自动下载好软件后，再打开 TikTok 手机爱思助手软件，根据电脑端提示，在手机端选择信任电脑。如图 4-3 和图 4-4 所示。

图4-3　　　　　　　　　　　　　　　　　图4-4

（2）图 4-5 所示为将电脑端的视频、图片等内容导入到手机上的步骤，图 4-6 所示为将手机端的视频、图片等内容导入到电脑上的步骤。

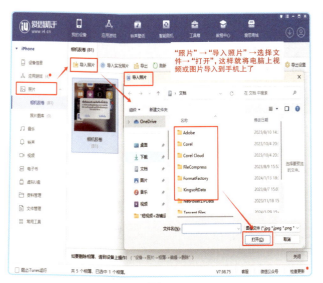

图4-5　　　　　　　　　　　　　　　　　图4-6

二、发布带货视频

打开 TikTok，选择正中间"+"符号，选择视频，选择"Add sound"，选择商用音乐，在"Add link"添加商品，然后放入"Drafts"或者选择"Post"立即发布。如图 4-7 至图 4-13 所示。

图 4-7　　　　　图 4-8　　　　　图 4-9　　　　　图 4-10

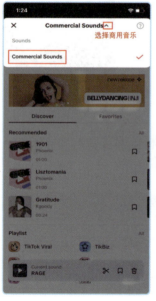

图4-11　　　　　图4-12　　　　　图4-13

第三节　TikTok 视频运营技巧

一、视频三要素

1.文案：本土化文案与标签

好的文案和视频内容一样重要，优质的文案内容一定程度上能够影响用户的行为。那么，T视频配文怎么写呢?

（1）简洁有力。由于 TikTok 的快节奏特性，文案应简洁且直击要点。避免冗长的解释，用几个词就能表达的，不要用一段话。（比如：在家也能轻松健身！）

（2）写好有吸引力的开头。使用引人注目的开头，比如提出一个问题、分享一个惊人的事实或引用流行语。（比如：5 分钟高效居家训练，让我们一起动起来！）

（3）情感连接。用幽默、惊喜或能引起情感共鸣的元素吸引观众。人们更愿意与情感上能产生共鸣的内容互动。（比如：我知道忙碌的你很难挤出时间去健身房，这就是为什么我要分享这个快速有效的训练方法给大家！）

（4）讲故事。尽量用讲述故事的方式来展现你的内容。故事能够更好地吸引观众，并让他们记住你的信息。（比如：我是一个 3 岁孩子的妈妈，我通过 28 天时间练出了马甲线！）

（5）明确的行动号召。在文案中包含明确的行动号召。（比如："点赞关注了解更多""分享给你的朋友""如果你喜欢这个训练方法，请点赞和分享给需要它的朋友们！"）

（6）个性化。使用独特的语言风格或特定的表达方式，让文案体现你个人或品牌的特色。（比如：跟着我，让健身变得简单而有趣！）

下面是给视频打标签的几个小技巧。

（1）研究热门标签。使用 TikTok 的搜索功能找出与你的视频内容相关的热门标签；关注同行业或同领域内其他成功创作者标签，并养成良好的记录习惯。（比如："＃居家健身"" ＃5 分钟训练"。）

（2）关联性和目的性。选择与你的视频内容直接相关的标签。避免使用与内容无关的热门标签，否则可能会降低观众的参与度。（比如："＃快速健身""＃家庭健身"。）

（3）结合通用和特定标签。使用一些普遍性的、大众化的标签，同时也用一些特定的、细分市场的标签。这样既可以吸引更广泛的观众，又能针对特定群体。（比如："＃健身新手""＃忙碌生活"。）

（4）限制标签数量。不要使用过多的标签，否则可能会让你的视频看起来过于商业化或有"刷存在感"的嫌疑。通常来说，选择 3~5 个最相关的标签就足够了。

（5）跟踪标签表现。观察不同标签对你视频表现的影响，根据效果调整和优化你的标签策略。

以下是 Hashtag# 相关付费或者免费网站（见图 4-14 和图 4-15）：

https://influencermarketinghub.com/top-tiktok-hashtags/

图4-14

https://ads.tiktok.com/business/creativecenter/inspiration/popular/pc/en

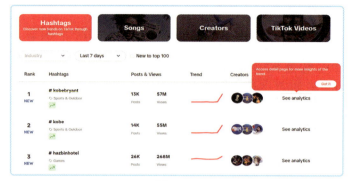

图4-15

2.BGM：如何避免电商背景音乐侵权

做电商类的短视频，一定要用商用音乐，否则会涉及音乐侵权。音乐侵权一般表现为视频音乐被屏蔽，或者小黄车无法挂车。选择商用音乐步骤如图 4-16 和图 4-17 所示。

图4-16

图4-17

如果需要大量的音乐素材或者想关注最近热门的音乐，也可以进入下面这个网站去查看（见图 4-18）。

https://ads.tiktok.com/business/creativecenter/music/pc/zh

图4-18

3.视频：如何找到爆款视频进行模仿、超越

达人带货短视频里，那些加入橱窗的产品的爆款短视频是怎么做出来的呢？此时需要用到选品网站和工具，通过相应工具可以找到本土化文案和爆款带货短视频脚本。

（1）电脑端找到爆款短视频与爆款脚本

①口播文案本土化。去刷同款产品，找到本地 KOL 或者 KOC 的口播音频，借鉴其拍摄风格和技巧，帮助自己快速提升。这也是提升销量的一个非常重要的技巧。

②模仿并超越爆款带货短视频。可以使用 Kalodata 网站的短视频下载和脚本导出功能来获得本土化文案和爆款短视频脚本。在 Kalodata 上，依据账号粉丝数和视频成交总金额，能够快速筛选出爆款的短视频内容，再利用视频下载功能直接下载高清无水印的短视频素材，同时还能导出各种语言的视频脚本，随后，便可以进行模仿或学习了，这是寻找创作灵感的重要方式。

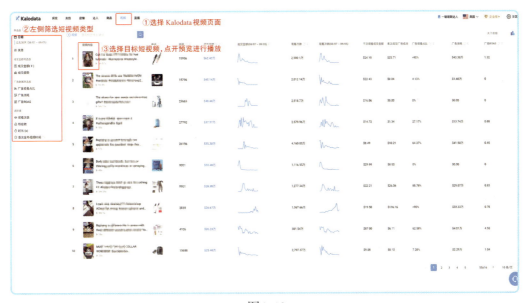

图4-19

图4-20

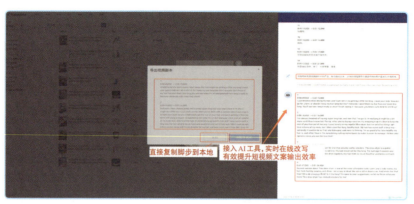

图4-21

（2）TikTok 手机端找到爆款短视频与脚本

①以"Nano tape"纳米胶带为例，如图4-22；在界面上方找到"$\mathbb{Q}$"（搜索符号），如图4-23；将"Nano tape"输入进去，如图4-24；选择对标视频，如图4-25。

②收藏并点赞视频，再选择该界面最下面的音乐，如图4-26；最后收藏该音乐，如图4-27。

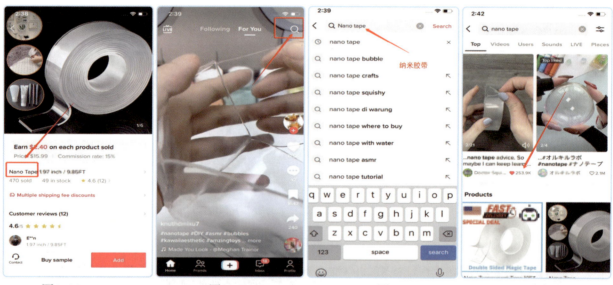

| 图4-22 | 图4-23 | 图4-24 | 图4-25 |

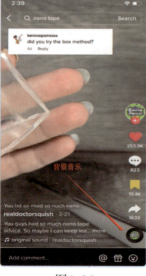

| 图4-26 | 图4-27 |

第四节 视频数据分析与常见问题解决

一、TikTok 推流的底层逻辑

1.用户信息与偏好分析

（1）兴趣图谱构建。TikTok 会根据用户的观看历史及点赞、评论、分享等互动行为，构建每个用户的兴趣图谱。例如，用户经常观看美食类视频且对这类视频有较多的点赞和评论，系统就会将该用户标记为对美食感兴趣的用户，后续会更多地推送美食相关的视频。

（2）账号信息参考。用户在注册账号时填写的个人信息，如年龄、性别、地区等，也会被系统纳入参考范围，以推送更符合用户背景和可能感兴趣的内容。

2.内容分析与分类

（1）标签化处理。平台会对上传的视频内容进行分类和标签化处理，创作者在发布视频时可以添加相关的话题标签。系统也会通过对视频的标题、描述、音频、画面等元素进行分析，提取出关键信息并打上相应的标签。比如一个关于舞蹈教学的视频，可能会被打上"舞蹈""教学""健身"等标签，系统能够以此准确地识别和分类。

（2）内容质量评估。TikTok 有一套评估视频内容质量的机制，评估标准包括视频的清晰度、音频质量、是否原创、有无违规等。高质量的视频有可能获得更多的推荐流量，而低质量或违规的视频则会受到限制或被下架。

3.初始流量分配

初始流量来自小范围测试推送。当一个新视频上传并通过审核后，系统会先将其推送给一小部分用户，通常是几百个与该视频内容标签相匹配的在线用户，这是视频的初始流量池。这些用户的反馈数据将决定视频是否有资格进入下一个更大的流量池。

4.数据反馈与流量池升级

（1）用户行为数据监测。系统会密切关注用户对视频的行为反馈，包括完播率、点赞率、转发率、评论率、关注比例（即观看视频后关注创作者账号的用户比例）等。如果视频在初始流量池中的这些数据表现良好，说明该视频受到用户的欢迎和认可，系统就会将其推送至更大的流量池，让更多的用户看到。

（2）逐级推送。随着视频在不同流量池中的表现不断提升，它会逐级进入更高量级的流量池，获得更多的曝光机会。例如，从最初有几百个用户的流量池，逐步升级到几千、几万、几十万甚至更高流量层级的流量池。

5.地域与文化因素

（1）本地优先推荐。TikTok 在推流时会优先考虑用户的地理位置。账号注册时的归属地信息是重要的参考因素，平台会先将视频推送给同一地区或相近地区的用户，因为这些用户的文化背景、语言习惯等方面可能更为相似，对视频的接受度可能更高。

（2）跨地域推荐。当视频在本地取得较好的反馈数据后，也有可能突破地域限制，进入全球流量池，被其他地区的用户看到。此外，TikTok 也会根据不同地区的文化特点和用户需求，进行一定程度的跨地域推荐，以丰富用户的内容体验。

6.社交关系影响

（1）粉丝关注推送。用户关注的账号发布新视频时，该视频会优先推送给粉丝。粉丝数量虽然不会直接影响视频的初始流量，但粉丝的互动行为（如点赞、评论、转发等）会对视频的推流产生积极影响，因为这些互动行为可以向系统证明视频的受欢迎程度。

（2）社交互动推荐。用户之间的互动行为也会影响推流。例如，用户 A 经常与用户 B 互动，那么当用户 A 喜欢了某个视频时，系统可能会将该视频推荐给用户 B，利用社交关系增强用户的黏性和参与度。

提高完播率的技巧

（1）**打造吸引人的开头**。视频开头务必具备强大的吸引力，能够迅速激起观众的兴趣。例如，可以巧妙地设置引人入胜的问题，如："你知道世界上最神奇的减肥方法是什么吗？"这类问题往往能瞬间抓住观众的好奇心；或是展现有趣的场景，如以一个滑稽的宠物搞笑瞬间开场；也可以展示引人注目的图像，比如一幅绚丽多彩的奇幻风景图，从而将观众的注意力牢牢吸引过来。此外，还可以通过制造悬念来开启视频，如在开头呈现一个神秘的事件或现象，让观众产生一探究竟的冲动。

（2）**保证内容质量**。视频内容的质量至关重要，其必须与观众的兴趣相契合，并且能够为观众提供有价值的信息或者带来娱乐效果。无论是传授知识、分享经验，还是单纯的娱乐搞笑，内容都要做到深入、实用且独特。如果是知识类视频，要确保信息准确无误且讲解通俗易懂；如果是娱乐类视频，则要富有创意和新鲜感。高质量的内容会让观众觉得观看视频是一件值得投入时间的事情，从而让其更有可能完整地看完视频。

（3）**把控节奏和长度**。保持视频节奏紧凑有序，这是提高完播率的关键因素之一。同时，要特别留意视频的长度。在当今快节奏的信息时代，观众普遍更倾向于观看那些在较短时间内就能传递明确信息且内容精彩丰富的视频。一般来说，短视频的黄金时长因内容类型而异，但总体上不宜过长。如果是简单的小知识分享或者搞笑段子视频，可能 15~30 秒就足够；若视频是较为复杂的教程或者故事性内容，也尽量控制在 1~3 分钟。在制作视频过程中，要确保内容流畅自然，避免拖沓冗长，每一个片段、每一句台词都要有其存在的意义，不要出现多余的部分，以免观众产生厌烦情绪而提前离开。

（4）**增强视觉吸引力**。充分用好视频制作技术，打造吸引人的视觉效果，这对提高视频完播率大有裨益。首先，画面要清晰，避免模糊不清或像素过低的情况，因为清晰的画面能够给观众带来良好的观看体验。其次，可以运用有吸引力的图形元素，如在讲解数据时使用直观的图表，或者在视频中添加一些富有创意的图标来强调重点内容。此外，动画效果也能为视频增色不少，适当的转场动画、特效动画等可以使视频更加生动有趣，吸引观众的目光并促使他们持续观看。

（5）**讲述有趣的故事（如果适用）**。尽可能以故事的形式来呈现视频内容。人们天生对故事情节充满兴趣，一个好的故事能够像磁石一样吸引观众的注意力，让他们更愿意花费时间观看完整的视频。故事要有起有伏，包含引人入胜的开头、紧张的情节发展和令人满意的结局。例如，在讲述个人成长经历时，可以从面临的困难和挑战开始，逐步展开克服困难的过程，最后以取得的成果和收获作为结尾。如果是产品推荐类视频，可以将产品融入到一个故事场景中，如讲述主人公因为使用了该产品而解决了生活中的某个难题的故事，这样的方式会让观众更容易接受产品信息，同时也更愿意看完整个视频。

（6）**制作清晰的标题和描述**。确保视频的标题和描述清晰明了且准确无误地反映视频内容。标题就像是视频的招牌，要简洁有力地传达视频的核心内容，同时又能激发观众的兴趣。例如，标题为"三分钟学会制作美味的巧克力蛋糕"，既明确了视频时长，又告知了内容主题。描述部分则可以进一步补充视频的详细信息，如制作蛋糕的特殊技巧、使用的独特食材等。这样观众在点击视频之前就能对视频内容有一个较为准确的预期，从而减少因为内容不符而提前离开的情况。

7.热点与趋势因素

（1）实时热点追踪。TikTok 会实时追踪社会热点、流行趋势、节日活动等信息，并将相关的视频推送给用户。创作者如果能够及时抓住热点，制作与热点相关的视频，就更容易获得平台的推荐流量。例如，在某个热门电影上映期间，发布与该电影相关的解说、模仿或衍生内容的视频，往往能获得较高的关注度。

（2）趋势引导创作。平台也会通过一些方式引导创作者创作符合当前趋势的内容，例如推出特定的话题挑战等，鼓励创作者参与，从而丰富平台的内容生态，同时也为用户提供更多符合当下趋势的视频。

> TikTok 推流会根据视频内容而不同，主要分为娱乐流量和商业流量，两者最大区别是商业流量的短视频进行了挂车操作。

二、不挂车短视频推流的四个阶段（娱乐流量）

1.冷启动阶段

（1）初始流量分配。当一个视频首次发布后，TikTok 会将其推送给一小部分用户，这个初始流量池通常是非常有限的，可能只有几百个用户。这些用户主要是与视频内容的标签有一定关联度，并且是活跃在平台上的用户。例如，发布一个健身类的视频，那么初始流量可能会推送给平时关注健身话题、点赞健身视频的用户。

（2）基础数据评估。在这个阶段，系统会重点关注几个关键的基础数据指标，如完播率、点赞数、评论数和转发数。完播率反映了视频内容对用户的吸引力，较高的完播率意味着用户愿意看完整个视频，这是视频质量的一个重要体现。点赞数表示用户对视频内容的认可程度。评论数则体现了用户参与讨论的积极性。转发数代表用户愿意将视频分享给更多人。如果这些数据在初始流量池中表现较好，例如完播率达到一定比例（不同类型视频标准可能有所差异），点赞数、评论数和转发数也有一定的量，那么视频就有机会进入下一个推流阶段。

2.小流量增长阶段

（1）扩大流量推送。如果视频在冷启动阶段表现良好，TikTok 会将视频推送给更多的用户，这个流量池相对冷启动阶段会有所扩大，可能会涉及数千个用户。这些新增的用户可能与视频的标签关联度稍弱一些，但仍然是基于算法被认为可能对该视频感兴趣的用户。

（2）数据持续监测与筛选。此时系统依然密切关注视频的各项数据指标，除了完播率、点赞数、评论数和转发数外，还将关注关注率。如果在这个阶段视频的数据能够持续增长，保持较好的表现，例如各项数据指标都有一定比例的上升，那么视频就有可能进入下一个更大量级的流量池。

3. 热门推荐阶段

（1）进入大流量池。当视频在小流量增长阶段的数据表现非常突出时，它将进入热门推荐的流量池。这个阶段的流量规模非常大，可能会有数万甚至数十万的用户看到这个视频。此时，视频的曝光度会大幅增加，来自不同地区、不同兴趣标签的用户都有机会看到该视频。

（2）多元化数据考量。在热门推荐阶段，除了之前关注的数据指标外，系统还会考虑视频的播放时长分布、用户地域分布、用户年龄和性别分布等更复杂的数据。例如，一个视频在多个地域、不同年龄段和性别的用户中都获得了较好的反响，则表明该视频具有广泛的吸引力，那么它就更有可能在这个阶段持续获得大量的流量推荐。同时，这个阶段的视频可能会被推荐到 TikTok 的一些特定板块或者热门话题界面，进一步增加曝光机会。

4. 流量稳定与衰退阶段

（1）流量稳定期。如果视频在热门推荐阶段能够保持稳定的数据表现，它可能会在一段时间内维持较高的流量水平。在这个阶段，视频的播放量、点赞量、评论量等数据虽然可能不会像之前那样快速增长，但会保持在一个相对稳定的水平，继续为创作者带来持续的关注和粉丝增长。

（2）流量衰退期。随着时间的推移，由于新的视频不断涌现，用户的兴趣逐渐转移，视频的流量会逐渐衰退。此时，视频的各项数据指标开始下降，曝光量也会越来越少。不过，一些经典的或者具有长期价值的视频，可能会在之后的某个时间点因为相关话题的再次兴起或者被用户重新挖掘而再次获得一定的流量。

> **注意**
>
> 如果是在国内做 TikTok 达人带货短视频，其推流还与网络有关，并且网络因素影响很大！

三、挂车短视频推流的四个阶段（商用流量）

1. 冷启动阶段

（1）初始流量分配。当短视频挂车后发布，系统首先会将其推送给一小部分用户，这部分用户的选取依据与普通短视频类似，基于用户的兴趣标签、地域、行为数据等。例如，一个美妆类挂车短视频可能会先推送给经常浏览美妆内容、关注美妆博主、所在地区对美妆消费有较高倾向的几百个用户。

（2）基础数据评估。在这个阶段，系统重点关注视频的完播率、转化率、点赞数以及商品链接的点击率。完播率反映了视频内容对用户的吸引力，较高的完播率说明用户愿意完整观看视频内容，这对于后续商品推广很关键。商品链接的点击率则直接体现了用户对视频中商品的感兴趣程度。点赞数也在一定程度上表明了用户对视频内容（包括商品推荐）的认可程度。如果这些数据表现较好，比如完播率达到 30% 以上，商品链接点击率达到一定比例（不同商品类别可能有不同标准，如美妆类可能在 5%~10%），点赞数达到一定数量（如 50～100 个），视频就有机会进入下一个阶段。

2. 小流量增长阶段

（1）流量逐步扩大。若短视频在初始探索期表现良好，平台会逐渐扩大流量池，将视频推送给更多用户，可能从几百人扩展到数千人。这些新增用户的范围可能会更广一些，不仅包括与商品兴趣标签直接相关的用户，还可能包括一些有相似消费习惯或者相关兴趣的用户。例如，一款健身器材的挂车短视频，除了推送给健身爱好者，还可能推送给关注健康生活方式、经常购买运动服饰的用户。

（2）数据综合评估。此时，除了继续关注完播率、转化率、点赞数及商品链接点击率外，系统开始重视评论数、转发数以及商品收藏数。评论数反映了用户对商品或视频内容的讨论热度。转发数能扩大视频的传播范围。商品收藏数则是用户对商品潜在购买意愿的一种体现。如果这些数据呈现稳步上升趋势，例如评论数达到几十条，转发数有一定增长，商品收藏数达到一定比例（如 10%~15%），视频就有机会进入下一个流量阶段。

3.热门推荐阶段

（1）进入大流量池。当短视频在小流量增长期的数据表现非常出色时，它将进入爆发式增长期，此时流量池会大规模扩大，可能会有数万甚至数十万的用户看到这个短视频。这个阶段，视频会突破更多的用户圈层，包括那些原本与商品关联度不高但可能被视频的广泛传播所吸引的用户。例如，一个创意十足的美食挂车短视频可能会被推送给大量非美食类核心受众的用户，仅仅因为视频的趣味性或者话题性。

（2）多元化数据考量。在这个阶段，系统除了关注前面提到的所有数据外，还会深入分析用户的购买转化率、退货率（虽然这一数据可能有一定滞后性）以及用户的购买路径、店铺的评分等。购买转化率是衡量短视频带货效果的核心指标，如果在这个阶段购买转化率能达到一定水平（如 5%~10%，不同商品差异较大），说明视频不仅吸引了用户的关注，还成功促使他们下单购买。退货率如果较低，也表明商品质量和视频描述的匹配度较高。同时，系统还会分析用户的购买路径，例如，是直接从视频链接购买还是经过搜索后再购买等，这可以为平台优化推流策略提供参考。

4. 流量稳定与衰退阶段

（1）流量稳定阶段。如果短视频在爆发式增长期后，数据表现较为稳定，如购买转化率保持在一定水平，其他数据没有大幅度波动，那么它将进入一个相对稳定的流量阶段。在这个阶段，视频仍然会持续获得一定的流量，继续为商品带来曝光度和销量，但流量增长速度会明显放缓。

（2）流量衰退阶段。随着时间的推移，由于新的短视频不断发布，用户的兴趣逐渐被新内容所吸引，这个挂车短视频的流量会逐渐衰退。视频的各项数据指标开始下降，包括观看量、点赞量、商品链接点击率等。不过，如果商品有新的促销活动或者视频内容有新的创意调整并重新发布，可能会在一定程度上重新激活流量。

注意

挂车视频和不挂车视频推流，最大的区别在于挂车视频考虑商品链接点击率、转化率等。

四、视频常见问题自查

1.0播放和限流的原因

0播放和限流的原因，如表4-1所示。

表4-1 0播放和限流的原因

原因		解释
账号因素	新账号限制	新注册的 TikTok 账号通常有一个初始的限制期。在这个阶段，平台会对账号进行观察，以确保其符合平台规则并且不是用于恶意目的（如垃圾营销、刷量等）。新账号可能不会立即获得大量的曝光机会，导致视频出现 0 播放或限流的情况。
	账号违规	违反社区规则：如果账号之前有违反 TikTok 社区规则的行为，如发布包含色情、暴力、仇恨言论等不良内容，账号视频可能会被限制播放。即使后续发布合规内容，也可能因为之前的违规记录而受到影响。
	账号资料不完整或异常	不完整的账号资料可能会让平台对账号的可信度产生怀疑。例如，没有设置头像、用户名不规范或者简介为空等情况，都可能影响视频的推荐和播放。此外，如果账号资料看起来像是机器生成的（如用户名是随机字母、数字组合且毫无意义），也可能被平台视为异常账号，导致视频播放受限。
网络问题	网络连接不稳定	TikTok 的视频播放需要稳定的网络连接。如果网络不稳定，视频可能无法加载成功，从而导致 0 播放。
	网络环境不被允许	使用不符合 TikTok 要求的网络环境，如使用一些被封禁的代理服务器或 VPN，可能会导致视频无法播放。TikTok 会检测网络来源，如果发现网络来源存在风险或者违反平台规定，可能会限制视频播放。
	网络区域限制	TikTok 在不同国家和地区有不同的内容政策和版权规定。某些视频内容可能因为不符合特定地区的要求而无法在该地区播放。例如，一些包含特定地区受版权保护的音乐或图像的视频，在该地区可能会显示 0 播放。
视频内容问题	内容违规	视频内容若包含违反 TikTok 社区规则的元素，如宣扬毒品、赌博等不良行为，或者包含敏感的政治话题、宗教内容等，将不会被播放。此外，传播虚假信息或恶意诋毁他人的内容也会被限制播放。
	内容质量低	视频清晰度低：如果视频拍摄设备较差或者在编辑过程中降低了视频的清晰度，模糊不清的视频可能不会被推荐播放。用户通常更倾向于观看清晰、高质量的视频。
		缺乏吸引力：内容枯燥、单调或者缺乏创意的视频很难吸引用户观看。例如，视频只是简单地重复一些常见的场景或行为，没有独特的视角或情节，可能导致 0 播放。
		内容不完整：如果视频看起来像是未完成的作品，例如突然中断、没有明确的结尾等情况，也会影响用户体验，导致视频不被播放。
	版权侵权	使用未经授权的素材，如未经许可的音乐、视频片段、图片等，会导致视频被判定为侵权内容而无法播放。即使是部分素材侵权也可能导致整个视频被限制。

（续表）

原因		解释
标签和标题问题	标签使用不当	使用不相关标签：如果在视频中添加的标签与视频内容毫无关联，平台可能会认为这是一种误导用户的行为，从而影响视频的推荐和播放。例如，一个美食视频添加了与游戏相关的标签。
		过度使用热门标签：虽然热门标签可以增加视频被发现的机会，但过度使用热门标签而忽略了标签与内容的相关性，视频可能会被平台视为垃圾信息，导致播放受限。
	标题缺乏吸引力	如果标题不能引起用户的兴趣，用户可能就不会点击视频观看。标题过于平淡、冗长或者难以理解，都会影响视频的点击率，进而导致 0 播放。例如，标题只是简单地陈述了视频的事实，没有任何悬念或吸引人的元素。
平台原因	平台风控	平台风控导致的大面积 0 播放。
	平台推流	有些视频一发出去就有推流，有些视频可能几个小时之后才推流。

2. 解决 0 播放和限流的方法

解决 0 播放和限流的方法和具体操作，如表 4-2 所示。

表4-2 解决0播放和限流的方法和具体操作

方法		具体操作
账号相关	优化账号信息	完善资料：确保头像清晰、有辨识度，用户名简洁易记且与账号定位相关，简介能完整地描述账号的特色或内容方向。例如，如果你是一个美食博主，简介可以提及擅长的菜系、独特的烹饪风格等。
		增加账号可信度：避免使用看起来像机器生成的信息，尽量让账号资料显示出是一个真实、活跃的用户在运营。
	解决账号违规问题	检查违规通知：查看是否收到 TikTok 的违规通知，如果有，仔细研究违规原因并采取相应措施。如果是因为版权问题，则停止使用侵权素材，并在后续创作中使用平台提供的正版素材。
		申诉处理：如果认为自己没有违规或者已经改正违规行为，可以向 TikTok 官方进行申诉。提供清晰、合理的解释和证据，说明账号的合规性。
	养号操作	正常互动：像普通用户一样正常使用 TikTok，观看不同类型的视频，点赞、评论、分享感兴趣的内容。这有助于让平台认为账号为活跃、正常的用户账号。
		关注相关账号：根据自己感兴趣的内容领域，关注一些同领域的优质账号。例如，如果你是健身类创作者，可以关注健身达人、健身品牌账号等。
网络环境	改善网络连接	检查网络稳定性：使用速度测试工具检查 Wi-Fi 或移动数据的网络速度和稳定性。如果是 Wi-Fi 问题，可以尝试靠近路由器、更换频段（如从 2.4GHz 切换到 5GHz）；如果是移动数据，可以尝试更换位置以获取更好的信号。
		使用合法网络服务：避免使用被封禁或不稳定的代理服务器和 VPN。如果需要使用 VPN，确保选择合法、可靠的服务提供商，并遵守 TikTok 的相关规定。
	规避地域限制	了解地区政策：研究不同地区的 TikTok 内容政策和版权法规，避免在视频内容中使用在某些地区受限的素材。如果视频因为地域限制导致 0 播放，可以考虑对视频内容进行调整，去除受限元素。

（续表）

	方法	具体操作
内容方面	确保内容合规	深入学习 TikTok 的社区规则，确保视频内容不包含任何违反规定的元素，如色情、暴力、仇恨言论、虚假信息等。
	尊重版权	只使用获得授权的音乐、图片、视频素材。如果使用平台提供的素材库，要按照规定使用。如果是自己原创的素材，保留好创作过程作为证据，以备可能出现的版权争议。
	提升内容质量	提高视频清晰度：使用质量较好的拍摄设备，在编辑和上传视频时，确保视频的分辨率、帧率等参数符合 TikTok 的要求。一般来说，高清及以上的视频质量更容易被推荐。
	增强内容吸引力	创新内容形式：尝试不同的视频形式，如故事性视频、挑战类视频、知识分享类视频等。例如，将简单的美食制作视频变成一个美食探索之旅，增加故事性和趣味性。
		优化视频结构：保持视频开头的吸引力，例如通过提出问题、展示惊人的场景等方式迅速抓住观众的注意力；中间内容紧凑、有条理；结尾有明确的结论或引导观众互动的提示。
		增加情感共鸣：在视频中融入能够引起观众情感共鸣的元素，如感人的故事、幽默的情节或激发观众热情的内容。
	确保内容完整性	在拍摄和剪辑视频时，保证视频有完整的情节或主题，避免突然中断或结尾不明确的情况。
标签	正确使用标签	确保相关性：标签要准确反映视频的内容，选择与视频主题、风格、受众等相关的标签。例如，一个宠物搞笑视频可以使用 "宠物""搞笑""可爱宠物"等标签。
		合理搭配：结合热门标签和长尾标签。热门标签可以增加视频的曝光机会，但竞争也激烈；长尾标签虽然搜索量相对较小，但更精准，可以吸引到真正对视频内容感兴趣的用户。例如，除了使用 "美食" 这个热门标签，还可以加上 "家庭美食""自制美食教程" 等长尾标签。
		控制数量：避免过度使用标签，一般设置 3~5 个与内容紧密相关的标签为宜，如果视频有过多的标签可能会被视为垃圾信息。
标题	提高吸引力	采用一些吸引眼球的标题技巧，如悬念式标题（"你绝对想不到的美食新吃法！"）、提问式标题（"如何在一周内学会瑜伽？"）或使用数字列举（"5 个让你变美的化妆小技巧！"）。
	简洁明了	标题要简洁，让用户一眼就能理解视频的大致内容，避免使用过于复杂或生僻的词语。

3. 无网络的排查方法

（1）检查 Wi-Fi 网络连接。查看 Wi-Fi 能否正常打开，若不能，检查设备网络设置与路由器状态。

（2）检测网络是否异常。查看延迟，用工具检测节点延迟率，节点延迟率过高可能影响使用。

（3）检查网络是否到期。确认网络是否到期，有没有费用。如果网络到期，则需要重新购买网络，缴纳网费。

（4）测试手机浏览器能否访问外网（以 www.tiktok.com 为例）。打开浏览器尝试访问外网，若不能访问，可能网络有问题。

（5）检查手机设置里是否禁用了 TikTok 的网络权限。

4. 访问频繁的解决办法

（1）等待或更换网络。可以过一段时间再尝试访问，或者更换网络接点后重新尝试。

（2）重新下载 App。卸载 TikTok，然后重新下载安装，再尝试访问。

（3）刷机重新操作。对设备进行刷机操作，之后重新进行 TikTok 相关操作。

5. 新注册账号无法关注、点赞

如果是刚注册的账号出现无法关注、点赞的问题，先等待 1~3 天，给账号一个缓冲适应期，之后再尝试关注、点赞操作。

五、打开 TikTok 账号数据分析

打开右上角"三"，手机下端弹出对话框，选择"创作者工具"，选择"数据分析"，满足至少发布 1 条视频的要求后，选择"打开"选项，进入"数据分析"界面。如图 4-28 至图 4-31 所示。

图 4-28　　　　　　　　图 4-29　　　　　　　　图 4-30　　　　　　　　图 4-31

在"数据分析"界面，有"作品播放量""主页访问量""分享次数""不重复观众数"等指标，通过这些数据，我们可以更好地分析账号的情况，调整视频的内容。

 第五章　　达人橱窗带货选品原则

　　TikTok 短视频带货和 TikTok 直播带货作为当前电商领域非常受欢迎的两种销售方式，两者各自有不同的特点和选品方法论。虽然两者在很多方面有相似之处，比如都强调互动性和即时性，但是在选品策略上还是有所不同。当我们在选品上没有思路时，可以使用一系列工具来帮助我们发现和分析可能的热销产品。

第一节　关于 TikTok 短视频带货选品

1.产品视觉吸引力

　　在短视频平台上，产品视觉吸引力至关重要，因为用户的注意力高度分散，只有那些外观吸引人且易于展示的产品才能快速抓住用户的眼球。比如圆领短袖，通过短视频中模特的展示，非常显身材，以此吸引追求时尚舒适的用户（见图5-1）；促销的芒果干也极具视觉吸引力，金黄的色泽、紧实的果肉，在短视频里的展示让人垂涎欲滴，再加上赠送活动显得经济又实惠，能激发消费者购买欲（见图5-2）；口红更是如此，在短视频展示中无论是正红色还是豆沙色，都能瞬间吸引女性目光（见图5-3）。总之，突出产品的视觉吸引力，是在短视频平台取得成功的关键之一。

图5-1　　　　　　　　　　　图5-2　　　　　　　　　　　图5-3

2.简单易懂的产品

　　在短视频平台，产品介绍如何简单易懂是关键。因为短视频时长有限，产品需要在这短暂时间内被快速阐释和展示，以便让用户迅速明白其用途与优点。以食品粉碎机为例，人们通过短视频能清楚看到它粉碎牛肉、大蒜、辣椒的情景，300W 的功率使其能快速将食材粉碎得细腻均匀，用户还可以清晰看到它能便捷地处理食材，不管是做馅料还是酱料都轻松搞定，比手工剁碎高效又省力（见图5-4）；牛奶纤维针织毛线也不例外，短视频中能清晰展现出其柔软的质地与细腻的纹理，简单的

编织演示就能让用户明白用它能织出温暖舒适的衣服、围巾、手套等，而且亲肤透气又保暖（见图5-5）；还有圆头厨房刀，在短视频里可以看到其快速剁碎食材的过程，堪称家用快速剁碎机，圆头设计安全实用，能轻松处理各种食材，相比普通刀具，剁碎效率高且操作便捷（见图5-6）。总之，这类产品在短视频平台上能更好地吸引用户的关注，得到认可，进而增加销售机会。

图5-4

图5-5

图5-6

3.创意和趣味性

在短视频带货中，创意和趣味性也起着至关重要的作用。我们应选择那些能够激发创意性创作的产品，以趣味性强的展示方式来吸引用户。比如专为健身房设计的音乐婴儿床，它将健身与婴儿床融合，通过设置婴儿床里的健身房的场景，搭配欢快的健身音乐和有趣的旁白，讲述宝宝的"健身故事"，充满奇思妙想（见图5-7）；星球大战光剑更是别具一格，在短视频中模拟星战场景，展示其酷炫灯光效果、独特音效，配合经典台词和紧张的音乐，仿佛把用户带入宇宙战场，令人心驰神往（见图5-8）；还有宠物猫毛皮梳，其设计独具匠心，在短视频里展示了为猫咪梳毛时猫咪享受的模样与柔顺毛发，还有猫咪的内心独白和互动搞笑情节，趣味横生（见图5-9）。这样的展示不仅能抓住用户的眼球，还能让他们对产品兴致盎然，从而提升产品销量。

图5-7

图5-8

图5-9

4.高性价比

在短视频的世界里，用户群体广泛，高性价比的产品更容易获得青睐。高性价比意味着产品在价格与质量上达到了巧妙的平衡。比如日常所见的衣架，不仅能稳稳挂住各类衣物，而且价格十分实惠（见图5-10）；还有生活中必备的拖鞋，穿着舒适无比，且价格优惠，无论是居家日常穿着，还是备用，都能完美满足用户需求（见图5-11）。总之，因为短视频用户处于不同消费层次，他们都期望能买到物美价廉的产品，所以像衣架、拖鞋这类生活用品，只要具备高性价比的特质，在短视频带货中就会大放异彩，吸引众多用户购买，进而提升销量。

图5-10   图5-11

5.快速满足需求

在短视频带货中，选择那些能够快速解决用户需求的产品至关重要，日常用品和快速消费品就是典型代表。例如一次性多功能拖把，它可以搭配湿抹布、干布，能有效擦洗地板，还能清洁宠物毛屑，在短视频中展示其多样的功能，能让用户迅速意识到它能解决家庭清洁的诸多问题（见图5-12）；可清理车的清洁剂也不例外，对于车主来说，保持车辆清洁美观是其重要需求，因此需要通过短视频呈现清洁剂的清洁能力，如快速去除车表面污渍污垢的视频内容（见图5-13）；棉质内裤同样如此，在短视频中突出其材质柔软亲肤、透气吸汗、做工精细等特点（见图5-14）。总之，这些产品因能快速满足用户在不同方面的需求，在短视频带货中极具吸引力。

图5-12   图5-13   图5-14

第二节　关于 TikTok 直播带货选品

一、互动性和体验性产品

直播带货注重互动性和体验性，因而适合选择能现场演示、体验的产品，如厨房用品、电子产品、美容仪器等。厨房用品中，不粘锅可现场烹饪展示不粘效果，多功能料理锅能现场制作多种美食展现多种烹饪功能（见图5-15）；电子产品里，智能手机可现场展示外观、操作界面及拍照功能，无人机可说明其精准 GPS 定位功能和自动返航特性，展示其高清的摄像头分辨率和拍摄质量（见图5-16）；美容仪器类，面部按摩仪能现场展示其促进血液循环、紧致肌肤等效果，导入仪可演示其帮助护肤品吸收的功效（见图5-17）。这些产品通过直播现场演示和体验，能让观众直观了解其特点和优势，激发购买欲望，提升直播带货效果。

图5-15　　　　　　　　　图5-16　　　　　　　　　图5-17

二、具有详细讲解需求的产品

对于那些需要详细介绍或演示才能展现其价值的产品，更适合直播带货的销售方式。例如专业摄影器材，其各种参数、功能以及不同镜头的特点和适用场景都需详细讲解，主播在直播中现场拍摄不同场景照片，展示不同光线、焦距下的拍摄效果，让观众直观感受其专业性与强大功能；还有复杂的拼图玩具也是如此，主播在直播中介绍拼图的材质、拼图的技巧及成品效果，现场演示拼图步骤，可以让观众明白其趣味性与挑战性。总之，直播带货能让消费者更全面深入地了解这类产品。

三、高价值产品

直播能够创建产品与用户更深层次的信任和沟通，因而更适合销售价格较高、购买考虑周期较长的产品。例如，高端珠宝首饰，其价格高昂，消费者购买谨慎，直播中主播可详细介绍珠宝的材质，如钻石的 4C 标准、宝石种类品质，展示制作工艺及佩戴效果，消费者能与主播互动，提出疑问与担忧，主播给出专业解答与建议，增强信任感，促进购买；针对高端护肤品套装，消费者购买时往往会考虑成分、功效、适用肤质等，直播时主播可邀请专业美容顾问详细分析讲解，介绍珍贵成分及对皮肤的作用，现场试用展示使用方法和效果，消费者可以与美容顾问、主播交流获取个性化护肤建议，提高购买意愿。总之，直播为高价值产品的销售提供了良好平台，使这类产品更易被消费者接受与认可。

四、限时限量产品

利用直播的即时性和互动性来推广限时限量产品是一种非常有效的营销策略。在直播中，主播可以通过生动的语言和营造的紧张氛围，向观众传达限时折扣和限量发售的信息，从而刺激其购买欲望。例如，某品牌推出一款限量版的运动鞋，在直播中，主播可以强调这款鞋子的独特设计、限量生产的数量以及稀缺性。同时，还可以设置一个限时折扣的时间段，让观众感受到如果不立即购买，就会错过这个难得的机会。这种限时限量的策略会让消费者产生一种紧迫感，促使其迅速做出购买决策。再比如，一款热门的电子产品进行限时抢购活动，主播在直播中详细介绍该产品的优势和特点，如高性能的配置、创新的功能等。然后，主播宣布限时抢购的开始时间和结束时间，并提醒观众数量有限。在直播过程中，主播可以实时展示剩余的产品数量，进一步增强消费者的紧张感和购买欲望。

总之，通过直播的即时性和互动性推广限时限量产品，可以有效地刺激消费者的购买欲望，提高产品的销量和品牌的知名度。

五、强调品牌故事和价值

直播带货能很好地传递品牌故事和品牌价值观，适合注重品牌文化和与用户的情感连接的产品。比如手工皮具品牌，直播中主播可讲述品牌创立的历程，展示工匠制作过程，体现对品质的追求，还能分享用户与品牌的温馨故事，让消费者理解品牌的价值观，产生情感共鸣。又如老字号食品品牌，直播时可讲品牌历史文化、制作工艺及背后的地域文化特色，展示产品制作过程，分享消费者的美好回忆和情感故事，提高消费者的情感认同和对品牌忠诚度。总之，直播为这类产品提供了展示平台，吸引了消费者，促进了产品销售和品牌发展。

第三节　TikTok 选品工具

一、选品分析工具

在 TikTok 平台上进行选品时，可以使用一系列工具来帮助我们发现和分析可能出现的热销产品。以下是一些推荐的工具，这些工具可以帮助我们在 TikTok 上进行有效的选品。

 选品分析网站很多，基本上都是前期免费，后期收费，所以大家可以先试用，如果觉得这个分析工具功能强大，后期可以自己考虑是否付费使用。

1.TikTok Analytics

TikTok Analytics 是 TikTok 官方的分析工具，可提供关于运营者视频和观众的详细数据，包括视频播放数、主页浏览数、点赞数、评论数、分享数量等。通过分析观众和他们对不同内容的反应，帮助运营者更好地了解哪些类型的产品可能会更受欢迎（见图 5-18）。

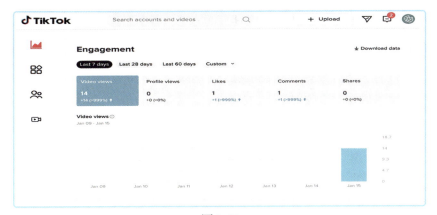

图5-18

2.Google Trends

虽然不是专门针对 TikTok 选品，但 Google Trends 可以帮助运营者了解特定产品或类别在特定时间和地区的搜索趋势。这是了解当前热门和潜在热销产品的一个好工具。

3.AliExpress 或 Alibaba 的热销产品列表

作为全球最大的电子商务平台之一，阿里巴巴集团旗下的 AliExpress（见图 5-19）和 Alibaba 能提供有关热销产品的丰富信息。这些信息可以帮助运营者发现可能在 TikTok 上受欢迎的产品。

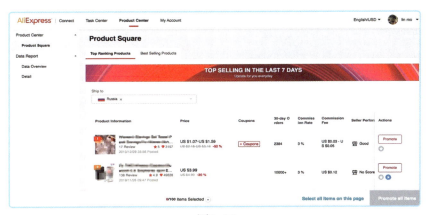

图5-19

4.TikTok Creator Marketplace

这是 TikTok 的官方合作平台，可以让运营者与内容创作者合作，进行产品推广。通过分析平台上受欢迎的创作者和他们的内容,可以知道哪些类型的产品更容易在 TikTok 上获得成功(见图 5-20)。

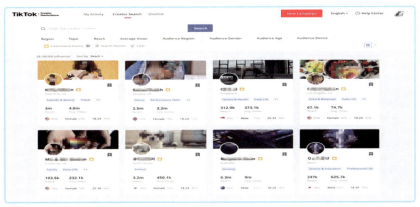

图5-20

5.Kalodata、Fastmoss、Echotik等数据网站

类似的工具有很多，这些网站都是基于 TikTok 平台开发的第三方数据查询工具，可查询 TikTok Shop 商品销量、小店排名、达人数据等众多信息。

根据自身实践，简要梳理了几个平台的不同之处：Kalodata 由具有 TikTok 官方背景的技术团队打造，其 TikTok 电商数据准确，产品的分析能力强；Fastmoss 创立于北京，能提供部分非电商相关的 TikTok 数据；Echotik 作为一个相对较新的平台，整合了众多行业小工具。以上内容均为笔者个人的实践经验总结，大家可依据自身实际经营状况，进行对比后选择使用。

二、Kalodata 工具实操

1.注册软件

（1）注册该软件，可以用手机号码、邮箱和 TikTok 账号注册。

（2）这里将演示通过手机号码注册的路径：选择手机号码注册方式，按照要求填写验证码并创建密码，点击"确认"，进入"完善信息"页，可根据自己的信息填写，信息填写完成后会弹出客服的联系方式，可以扫码联系 Kalodata 官方客服，领取试用会员。如图5-21 至图5-24 所示。

图5-21

图5-22

图5-23

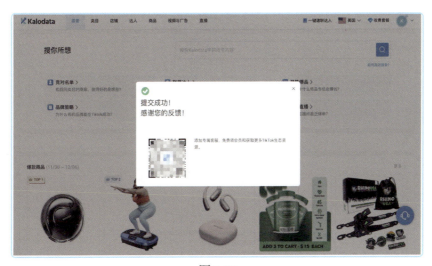

图5-24

（3）注册完成后，可在右上角切换国家与语言，可以根据自己的需要，使用 Kalodata 类目、店铺、达人、商品、视频与广告、直播等界面。

> **注意**
>
> 关于 Kalodata 网站的具体功能，我们可以联系客服详细询问。书中只简单介绍了部分功能，未详尽之处和网站后续的更新情况都可以询问网站客服。

2.界面功能介绍

（1）探查类目趋势。类目界面（见图 5-25），可以快速查看不同类目下的畅销商品、带货达人、店铺排名等数据；支持查看类目的成交总金额、在经营店铺数量、头部店铺的市场份额等竞争指标（见图 5-26）；通过支持三级类目组合筛选，有效识别出市场份额大、增长速度快且竞争小的高潜力类目和商品，做出更精准的运营决策。

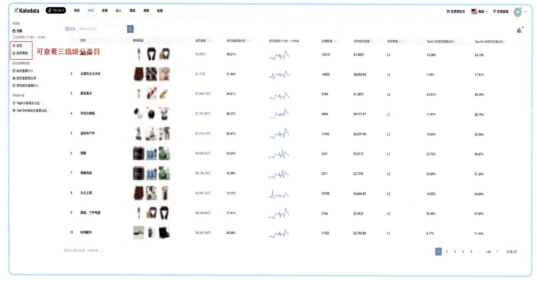

图5-25

图5-26

（2）追踪竞品店铺。店铺界面,可以查看竞争对手或目标店铺的详细数据,包括销售额来源占比、爆款产品、带货达人销售详情等,有效追踪竞品的产品和运营策略;区分美英地区自营店铺和全托管店铺类型,运营者可据此更加精准高效地调整商品和营销策略。如图 5-27 和图 5-28 所示。

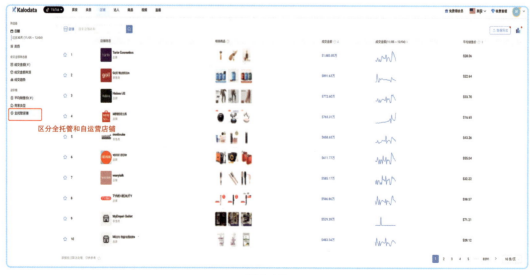

图5-27

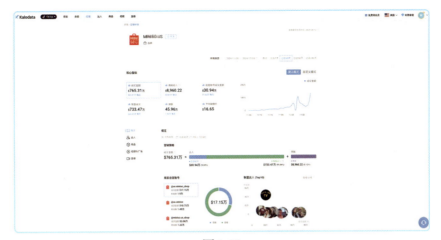

图5-28

（3）建联带货达人。达人界面，支持按内容展示形式筛选达人，有效区分 TikTok 直播和短视频带货达人，精准匹配推广需求；有超过 10 种联系方式筛选达人，可以批量导出 25 万全球达人的邮箱、WhatsApp 等联系方式；拆解优质达人的核心指标，查看达人在不同店铺和类目下的带货表现，深入了解达人的营销效果，助力优化营销策略。如图 5-29 和图 5-30 所示。

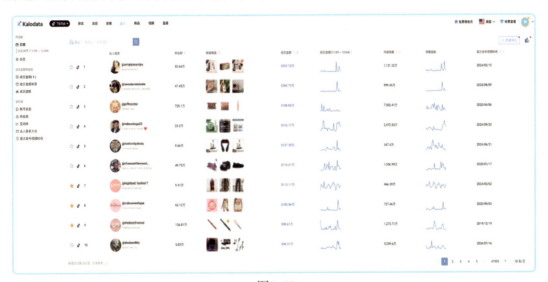

图5-29

图5-30

（4）分析潜力商品。商品界面，有效监控 TikTok 爆款商品，精准拆解其成功的营销策略；通过 TikTok 新品榜单，快速追踪增长最快的黑马商品，及时入场跟卖并优化商品布局；支持查看商品设置的达人推广佣金比例，更准确地测算推广成本并优化商品定价策略。如图 5-31 和图 5-32 所示。

图5-31

图5-32

（5）查看热门素材与广告数据。视频界面，可以通过左侧筛选栏快速区分自然流量与付费流量的爆款短视频，精准挖掘高转化的视频素材；视频详情界面可以获取竞争对手的广告投放天数，实时监控广告投放动态及收益表现。此外，Kalodata 支持一键导出高清无水印的 TikTok 短视频和视频脚本，方便运营者提升视频内容质量和广告效果。如图 5-33 至图 5-36 所示。

图5-33

图5-34

图5-35

图5-36

（6）直播录屏录像。直播界面，可以申请直播间录屏，从而查看竞争对手直播间每分钟的直播流量和成交量变化，优化直播间人货场搭建、主播话术等内容；查看市场大盘直播间排名，查看不同品类的直播数据表现，从而制定合理高效的商品推广策略。如图 5-37 和图 5-38 所示。

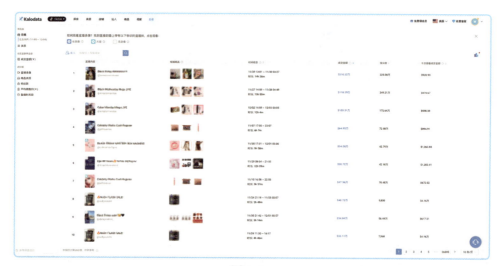

图5-37

图5-38

（7）亚马逊数据——辅助卖家高效选品。在亚马逊数据界面，可查看亚马逊各类目商品销售数据，从月销量、Best Seller 排名等多维度分析品类的供需与竞争态势，结合 Kalodata 数据，精准筛选 TikTok 平台的蓝海类目，为电商选品决策提供全面支持；同时，查看商品变体数量、评价数据、好评率、重量、尺寸等基础信息，帮助提升测品效率、选品精度及成本核算能力。如图 5-39 和图 5-40 所示。

图5-39

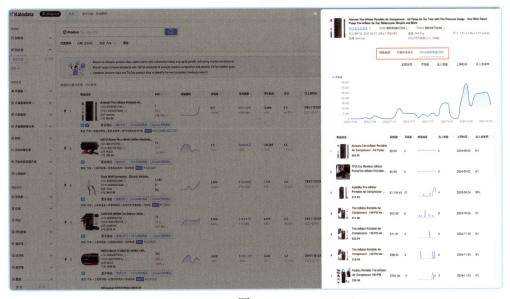

图5-40

（8）进阶玩法——寻找对标账号，快速起号。①通过相似内容寻找对标账号。打开 Kalodata. com，切换至视频界面。利用 Kalodata 列表页左侧的筛选栏，按照类目筛选相应的 TikTok 短视频，或者通过搜索框进行关键词检索，找到与实际经营的产品相符的推广短视频和创作者，查看其内容流量与转化数据。如图 5-41 和图 5-42 所示。

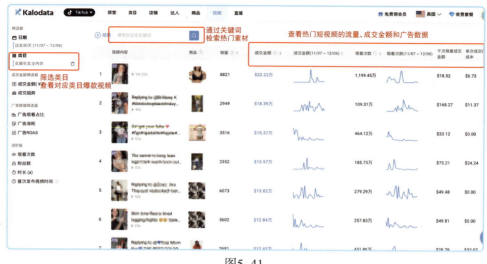

图5-41

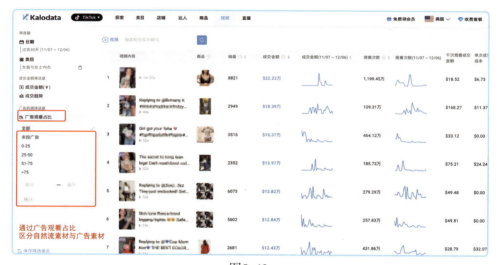

图5-42

 小提示

可使用 Kalodata 下载无水印短视频和导出视频脚本等功能，快速学习并创造出爆款内容；还可通过 Kalodata 列表页左侧筛选栏，迅速过滤出自然流量爆款带货短视频与广告投流爆款短视频，有效提高内容选择效率。

②通过带货类目、粉丝体量等寻找对标账号。除了根据内容寻找对标账号之外，也可以根据粉丝数量和赛道寻找对标账号。登录 Kalodata.com，切换至达人界面。运用左侧的筛选栏，寻找到类目相近、粉丝体量基本一致的达人，进入达人详情页后，分析其账号的运营与推广策略，涵盖选品情况、合作的商家以及近期的短视频和直播等内容，快速厘清账号运营思路。此外，也可通过 Kalodata 快速查询到该类目下的头部创作者。对行业头部创作者的动向保持关注，有助于我们及时了解行业趋势和创新方向，为自身的发展提供参考和借鉴。如图 5-43 至图 5-45 所示。

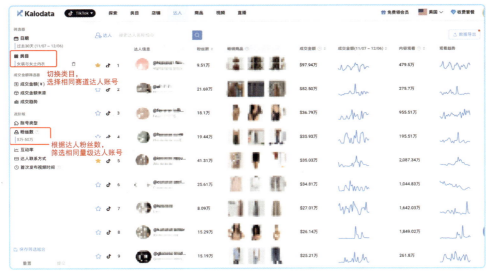

图5-43

图5-44

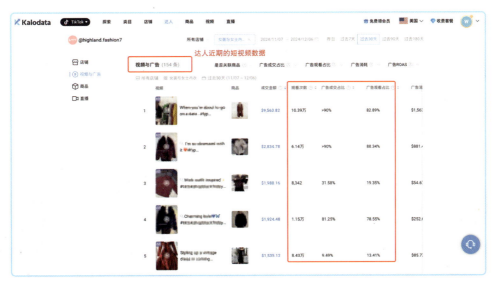

图5-45

三、竞争对手分析

关注竞争对手在 TikTok 上的表现，分析他们的成功内容，了解他们正在推广哪些产品。

记住，虽然这些工具可以提供有价值的洞察数据，但成功的选品还需要结合运营者对目标市场的理解和创意内容策略。同时，时刻关注 TikTok 上的最新趋势和热门话题，对于发现潜在的热销产品至关重要。

第四节　TikTok 营销思路

利用 TikTok 进行营销时，重要的是要理解平台的核心特性——创意内容、社区参与和趋势驱动。以下是一些 TikTok 营销的基本思路和策略。

一、创意内容制作

1.原创性

TikTok 大力鼓励原创性和创意表达，所以要创作独特且创意丰富的内容。例如，若经营一家运动服饰品牌，可以从独特的视角出发，设计一些与众不同的内容，而不是模仿他人。

2.娱乐价值

确保内容具备趣味性和娱乐性，这是吸引 TikTok 用户的关键因素。就像运动服饰品牌，可以在视频中加入一些有趣的情节，比如健身时的搞笑瞬间、户外跑步时的意外趣事或者瑜伽课上的幽默互动等，让用户在观看时感到轻松愉快。

3.短视频特性

充分利用短视频形式的优势，创作快节奏、易消化的内容。对于运动服饰品牌，可以在短时间内快速切换不同场景，展示人们穿着产品时的各种动态，同时搭配动感音乐和吸引人的视觉效果，突出服饰的舒适度和时尚感。如在短短 15 秒内，先展示一位健身者穿着某品牌运动服做高强度训练，汗水湿透衣服但衣服依然保持良好的版型，接着快速切换到户外跑步者在美丽风景中奔跑的场景，运动服的颜色与自然背景相得益彰，最后展示瑜伽课上的人穿着运动服做出各种优美的瑜伽动作，衣服的弹性和舒适度一目了然。每个场景都通过特写镜头展示衣服的细节，如拉链、袖口、领口等，再加上节奏感强的音乐和炫酷的特效，让整个视频充满活力和吸引力。通过以上创意内容制作的方法，运动服饰品牌可以更好地在 TikTok 平台上吸引用户的关注，提高品牌知名度和产品销量。

二、跟随和创造趋势

1.参与挑战

参与或创造挑战是让短视频在 TikTok 上快速传播的有效方式。品牌方可以积极关注平台上的热门挑战，并巧妙地将自己的品牌元素融入其中。例如，如果流行某种舞蹈挑战，品牌方可以创造一个专属的舞蹈动作。比如品牌方可以推出一个与运动或健身相关的舞蹈挑战，设计独特且易于模仿的舞蹈动作，并鼓励用户穿着该品牌的产品参与这个挑战。通过创建品牌专属的挑战，不仅能够吸引更多用户的关注，还能增强品牌与用户之间的互动和黏性。

2.使用流行音乐和特效

利用平台上的流行音乐和特效，可以极大地提高内容的吸引力。流行音乐往往具有很强的感染力和传播力，能够迅速抓住用户的注意力。特效则可以为视频增添趣味性和独特性。运动品牌方在制作视频时，可以选择当下热门的动感音乐作为背景音乐，让用户在听到音乐的瞬间就产生共鸣。同时，可以运用一些与运动场景相匹配的特效，如光影效果、慢动作等，突出产品的特点和优势。例如，在展示运动服的弹性时，可以使用慢动作特效，清晰地呈现衣服在拉伸过程中的细节，再加上流行音乐的节奏烘托，使整个视频更加吸引人。

3.跟踪热门

跟踪当前的热门话题和趋势，使内容保持时效性和相关性。品牌方需要时刻关注社会热点、节日庆典等时事动态，并及时调整营销策略。例如，在某个节日期间，推出具有节日特色的产品，并通过 TikTok 视频展示如何在节日氛围中穿着该品牌的运动服饰进行活动。这样，品牌方能够更好地与用户建立情感连接，提高用户对品牌的认同感和忠诚度。

三、社区参与和互动

1.激励用户参与

积极鼓励用户进行评论、分享以及参与挑战，以此提高互动率。以美食品牌为例，可精心制作一系列烹饪短视频。在视频中，可巧妙设置互动环节，如提出问题："你最喜欢用我们的香料做什么菜？"还可发起有趣的挑战，如"在规定时间内用我们的产品制作出创意菜肴"，以此激发用户的兴趣，促使他们在评论区踊跃分享自己的烹饪想法与经验，同时也让其更乐意将视频分享出去。通过这些方式，能有效提升用户的参与度，增强用户与品牌之间的互动。

2.回应评论

及时且积极地回应 TikTok 用户的评论，对于建立良好的社区关系至关重要。当用户在评论区留下看法、建议或疑问时，品牌方务必认真对待，给予真诚、友好且有价值的回复。例如，若用户分享了自己用相应品牌香料制作菜肴的心得，品牌方可以表示感谢并询问是否有其他需求或改进建议等。通过积极的互动，让用户切实感受到自己被重视和关注，进而增强用户对品牌的好感度与忠诚度。

3.与人合作

与其他 TikTok 创作者合作，能够扩大品牌的影响范围。美食品牌可以与知名的美食博主、烹饪达人等携手合作，共同创作短视频内容。双方充分发挥各自的优势，博主们凭借丰富的创作经验和庞大的粉丝基础，为品牌带来更多的曝光和关注；而品牌方则提供产品支持和专业的烹饪知识。例如，品牌方可以与博主合作推出联名款食谱，或者邀请博主参与品牌方举办的线上烹饪比赛等活动。品牌方可以制作一系列烹饪短视频，并鼓励用户分享他们使用相应产品制作的菜肴。在这个过程中，品牌方与博主合作能吸引更多用户参与和关注，共同打造出更具吸引力和价值的内容。

四、与影响者合作

1.合作伙伴策略

选择与自身品牌相关的 TikTok 影响者展开合作，借助他们强大的影响力来推广产品或服务。品牌方需要深入了解自身产品的定位和目标受众，然后精准地筛选出能够与之契合的影响者。例如，一个专注于高端户外旅行用品的品牌，应该寻找那些在高端户外旅行领域有一定影响力和粉丝基础的博主或达人进行合作。

2.真实性和适配性

在合作过程中，必须确保影响者的风格和受众与品牌的风格和受众高度匹配。只有这样，才能让合作达到最佳效果。如果品牌的风格是简约实用，那么选择的影响者也应该具备类似的风格特点，其受众也应该是对简约实用风格有偏好的人群。

以旅行用品品牌为例，如果品牌方与旅行博主合作，可以让博主在其旅行视频中自然地展示如何使用该品牌的背包或旅行配件，这种合作方式不仅能够扩大品牌的曝光度，让更多潜在用户看到品牌的产品，而且还能增加产品的信誉。因为当用户看到自己喜欢的博主在真实的旅行场景中使用并推荐该产品时，会更容易对相应产品产生信任感，从而更有可能去尝试和购买该产品。

五、TikTok 广告

1.使用 TikTok Ads

充分利用 TikTok 的广告平台来推广内容或产品是一种有效的营销手段。TikTok 拥有庞大的用户群体和多样化的内容形式，为品牌提供了广阔的推广空间，通过 TikTok Ads，品牌可以将自己的内容或产品推送给更多潜在用户，提高品牌知名度和产品销量。

例如，一家在线教育平台可以选择在 TikTok 上投放广告，利用 TikTok Ads 的功能，将精心制作的广告内容展示给目标用户群体。

2.定位和个性化

针对特定的受众群体，定制个性化的广告内容至关重要。不同的用户群体有不同的需求和兴趣，只有在 TikTok 平台上投放根据用户的特点制作的个性化的广告，才能吸引其注意力并激发其兴趣。

对于在线教育平台来说，可以通过分析用户的搜索行为、浏览历史等，精准定位正在寻求在线学习资源的用户。然后，为这些用户定制个性化的广告内容，比如在广告中突出展示课程的特点、优势以及学生的积极反馈等。这样，当用户看到广告时，会更容易产生共鸣，认为该课程正是他们所需要的，从而提高广告的转化率。

总之，使用 TikTok Ads 并结合定位和个性化的策略，能够让品牌在 TikTok 平台上更精准地触达目标用户，提高广告效果和投资回报率。在线教育平台等各类品牌都可以通过这种方式，在竞争激烈的市场中脱颖而出，实现更好的发展。

六、数据驱动的优化

1.分析和调整

借助 TikTok 提供的分析工具来监控营销效果是优化策略的重要途径。品牌方需要密切关注各项数据指标，如视频的播放量、点赞数、评论数、分享数等，通过对这些数据的深入分析，了解用户的行为和反馈，从而不断优化营销策略。例如，品牌方可以定期查看分析报告，了解不同时间段、不同内容、不同形式的营销活动所产生的效果。如果发现某个时间段的互动率较低，就可以深入分析原因，如是否是因为视频内容不够吸引人，或者是发布时间不合适，然后根据分析结果进行相应的调整。

2.测试不同内容

　　尝试不同类型的内容是找到目标受众兴趣点的有效方法。品牌方不应局限于单一的内容形式，而应该大胆创新，尝试多样化的内容。通过对不同内容进行测试，可以清晰地了解哪些内容最能引起目标受众的兴趣。以美妆品牌为例，通过分析不同类型视频的观看次数和用户互动情况，可能会发现教程类视频比单纯展示产品的视频更受用户欢迎。那么，品牌方就可以根据这一发现，加大教程类视频的制作和推广力度。同时，还可以继续测试其他类型的内容，如化妆技巧分享、产品评测等，不断优化内容策略，以满足用户的需求和兴趣。

　　总之，利用数据驱动的方法，通过分析和调整以及测试不同内容，品牌方可以更加精准地把握用户需求，优化营销策略，提高营销效果，在 TikTok 平台上实现更好的发展。

七、故事叙述

1.品牌故事

　　在 TikTok 营销中，讲述品牌故事是建立与用户情感连接的有效方式。每个品牌都有其独特的发展历程、价值观和使命，将这些元素融入到视频内容中，能够让用户更深入地了解品牌，从而产生情感共鸣。

　　例如，一个环保品牌可以借助 TikTok 平台，通过一系列精心制作的视频，生动地讲述产品是如何以可持续方式生产的，以及它们对环境产生的积极影响。在视频中，可以展示原材料的采集过程、生产环节中的环保措施，以及产品使用后对环境的改善效果等。通过这种方式，让用户切实感受到品牌方对环保事业的执着和贡献，进而增强消费者与品牌的情感连接。

2.系列内容

　　创建系列内容有助于维持用户对品牌或故事的持续关注。用户往往对具有连贯性和逻辑性的内容更感兴趣，系列内容可以满足这一需求。品牌方可以围绕品牌故事、产品特点、用户体验等方面，策划一系列相关的视频内容。

　　以环保品牌为例，可以制作一个"环保之旅"系列视频，第一集介绍品牌的创立初衷和环保理念，第二集展示产品的研发过程和可持续生产方式，第三集分享用户使用产品后的反馈和环保行动等。通过这样的系列内容，用户可以更全面、深入地了解品牌，同时也会因为对系列内容的期待而持续关注品牌。

　　总之，在 TikTok 上进行营销，关键在于发挥创意、提高用户参与度以及加强与受众的连接。每个品牌都应结合自身特色和目标受众，制定合适的营销策略，并且要不断进行实验和优化，探索最能引起共鸣的内容类型和营销方法，从而在竞争激烈的市场中脱颖而出，赢得用户的青睐和支持。

 原创拍摄与剪辑

第一节　拍摄理论基础

一、景别

由于拍摄工具与被摄主体的位置距离不同，导致被摄主体在拍摄工具取景器中呈现的画面的范围大小不一样，而这个画面范围就是景别。

在其他拍摄条件不变的前提下，当被摄主体处于距离拍摄工具较远的位置时，所得到的画面范围较大，而被摄主体的尺寸相对较小，细节不显著，景别较大；而当被摄主体处于距离拍摄工具较近的位置时，所得到的画面范围较小，被摄主体的尺寸相对较大，景别较小。以人为例，如图 6-1 所示。

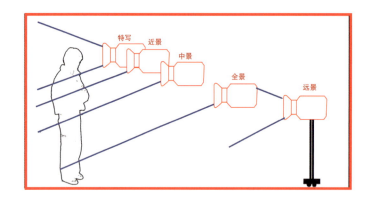

图6-1

二、拍摄角度

当我们观看外界事物时会有不同的观察角度，同样，采用拍摄设备进行取景拍摄时也有不同的拍摄角度，这取决于摄像师从哪一个视点来观看被摄主体，想要表达什么意图，如何认识被摄主体，这就是拍摄角度的选择与运用。拍摄的角度可以影响观众对场景的感知和情感反应。

拍摄角度是指摄像师运用拍摄设备及取景器进行构图、取景、拍摄时的视角和位置，包含 3 个维度：拍摄距离、拍摄方向和拍摄高度。

（1）拍摄距离。指拍摄视频时拍摄设备与被摄主体之间的空间距离。在焦距不变的情况下，改变拍摄距离会影响景别的大小。拍摄距离越远，景别越大；拍摄距离越近，景别越小。

（2）拍摄方向。指拍摄设备与被摄主体在水平面上的相对位置，包括正面、侧面和背面。其中，侧面方向又可以细分为正侧面、前侧面和后侧面。如图 6-2 和图 6-3 所示。

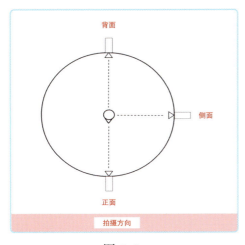

图 6-2

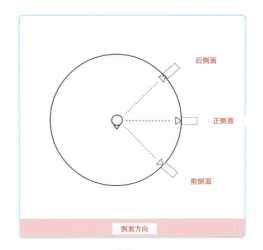

图 6-3

（3）拍摄高度。指拍摄设备与被摄主体在垂直面上的相对位置和高度,具体的拍摄方式包括平拍、仰拍、俯拍和顶拍。如图 6-4 所示。

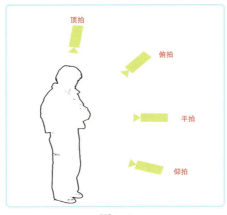

图6-4

三、运镜

运镜就是运动镜头,即通过机位、焦距和光轴的运动,在不中断拍摄的情况下,形成视点、场景空间、画面构图表现对象的变化。通过运镜拍摄,可以增强视频画面的动感,扩大镜头的视野,影响视频画面的节奏,赋予视频画面独特的感情色彩。

在短视频拍摄过程中,常见的运镜方式有推镜头、拉镜头、摇镜头、跟镜头和综合运动镜头。如图 6-5 所示。

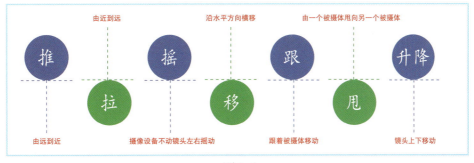

图6-5

拍摄综合运用

1.固定镜头与运动镜头结合

（1）固定镜头。用于展示产品的静态特征和重要信息。例如，在拍摄产品的介绍说明部分时，使用固定镜头拍摄产品，将产品放在桌面上，主播在旁边详细介绍产品的功能、参数等，让观众能够集中注意力观看产品和听取讲解。固定镜头要保持画面的稳定和清晰，避免出现抖动或模糊的情况，可以使用三脚架等辅助设备来固定拍摄设备。

（2）运动镜头。增加视频的动感和吸引力。可以采用推、拉、摇、移等运动镜头手法来展示产品的不同角度和场景。比如，推镜头能从产品的整体画面逐渐聚焦到产品的某个细节部位，强调该细节的重要性；拉镜头则可以从产品的细节拉远到展示整个使用环境，让观众对产品的使用场景有更全面的了解；摇镜头可以用于展示产品在一个较大空间内的位置和与周围环境的关系；移镜头则适合产品的运动或人物的操作过程拍摄，使观众有身临其境的感觉。在运用运动镜头时，要注意运动的速度和节奏要适中，避免过快或过慢导致观众视觉不适。

2.特写镜头与全景镜头搭配

（1）特写镜头。特写镜头用于突出产品的细节和关键部分，能够给观众留下深刻的印象。在拍摄过程中，可以多次运用特写镜头来强调产品的优势和特色。例如，拍摄一款美食产品，对其食物的色泽、纹理、酱料的滴落过程等进行特写，能激发观众的食欲。

（2）全景镜头。全景镜头主要用于展示产品的整体形态以及它与周围环境的关系。在带货视频中，全景镜头可以用来呈现产品的使用场景全貌，或者展示产品在一个较大空间内的效果。例如，拍摄一款大型家具，全景镜头可以展示家具在客厅中的摆放效果，以及与其他家具的搭配协调性，让观众能够更好地评估产品是否适合自己的家居环境。

3.不同拍摄角度选择

（1）低角度拍摄。低角度拍摄可以使产品看起来更加高大、有气势，增加产品的视觉冲击力。适用于一些需要突出产品立体感和威严感的产品，如汽车、大型机械等。从低角度拍摄汽车，可以展现其流畅的线条和强大的气场。对于一款高端电子产品，低角度拍摄也可以使其看起来更加精致、更有科技感。

（2）高角度拍摄。高角度拍摄能够呈现产品的全貌和整体布局，给人一种宏观的视觉感受。常用于拍摄一些需要展示整体形状和面积的产品，如地毯、桌面摆件等。从高角度拍摄地毯，可以清晰地看到地毯的图案和颜色分布。对于一组摆放好的桌面饰品，高角度拍摄可以展示它们的组合效果和整体风格。

（3）平视角度拍摄。平视角度是最常见的拍摄角度，它能够给观众带来一种真实、亲切的感觉，让观众更容易产生共鸣，适用于大多数产品的拍摄，尤其是在展示产品的使用过程和人物与产品的互动时。例如，拍摄一个人使用手机的场景，平视角度可以让观众更好地看到手机的操作界面和人物的使用方式，仿佛自己也在亲自使用一样。

第二节　TikTok 短视频构图比例

一、TikTok 短视频构图比例

视频界面分区如图 6-6 所示。构图要注意以下几点。

（1）文字位置避免太靠下。在短视频构图中，要特别留意文字的摆放位置。如果文字太靠下，当视频在各种设备上播放时，尤其是一些屏幕显示区域有限或者底部有操作栏、App 按钮、标题信息等遮挡的情况下，很容易导致文字无法被完整地看到。

（2）文字位置避免太靠上。同样，文字也不能太靠上。因为 TikTok 上方有 App 的导航区。文字若太靠近这个区域，会影响观众对文字的正常识别，使观众难以集中精力读取文字传达的信息。

（3）主体避免太靠边。当人物或者主体出现在短视频画面中时，要注意不能让主体太靠边。因为画面存在视觉主区域，通常是画面中心附近相对集中且视觉效果较好的区域。主体偏离视觉主区域会使观众的视觉焦点难以聚焦在主体上，影响对视频内容的整体感受和理解。例如，在拍摄人物对话场景时，若其中一方人物过于靠近画面边缘，可能会让观众感觉画面失衡，并且在一些设备上，该人物的面部表情、肢体动作等细节可能无法清晰呈现。

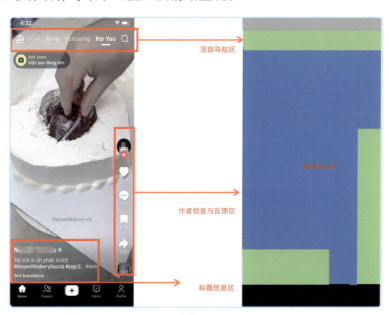

图6-6

二、三分法（井字构图法）的原理

三分法是一种非常实用的构图原理。画面被两条竖线和两条横线分割，形成一个类似"井"字的九宫格布局。这 4 条线的位置在画面的长和宽大约三等分处，如图 6-7 和图 6-8 所示。

例如，在一个长方形的短视频画面中，从左到右将画面三等分，并在三等分处画两条竖线；从上到下将画面三等分，并在三等分处画两条横线。这样就形成了 9 个小区域和 4 个交叉点。

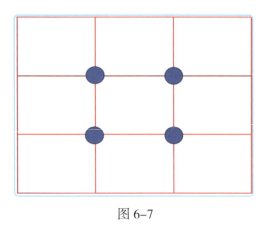
图 6-7

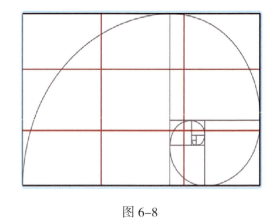
图 6-8

提升画面质量三要素：画面简约、配色和谐、突出拍摄主体。

（1）主体放置在交叉点的优势

①吸引注意力。把画面主体（如人物、产品等）放置在这 4 个交叉点中的任意一个，就可以有效地吸引观众的注意力。因为人眼在观察画面时，通常会自然地聚焦在这些交叉点附近。例如，在拍摄人物短视频时，将人物的眼睛或者面部中心放置在交叉点上，观众的视线很容易就被吸引到人物的表情上，从而更好地传达人物的情绪或者意图。

②平衡画面。这种放置方式有助于平衡画面的构图。以拍摄风景短视频为例，如果将画面中的主要景物（如远处的山峰、海边的灯塔）放置在交叉点上，能够避免画面出现重心偏移的情况。即使画面中有其他元素，如天空、大海、沙滩等，也能通过主体在交叉点的布局使整个画面看起来更加稳定和协调。

③引导视线。交叉点还可以作为引导观众视线的关键位置。当主体位于交叉点时，观众的视线会首先被吸引到主体上，然后可以根据画面中其他元素的分布，自然地在画面中流动。例如，在拍摄产品展示视频时，将产品放置在交叉点，再通过画面中的线条（如产品的装饰线条、摆放的辅助道具线条等）或者光影引导观众去观察产品的其他特征，如产品的细节、功能按钮等。

（2）实际应用中的灵活性

①在实际应用三分法时，并不需要严格地将主体精确地放在交叉点上。稍微偏离交叉点一些的位置也是可以的，只要主体大致在交叉点附近，依然能够发挥三分法的优势。例如，在拍摄运动场景中的人物时，人物可能会因为移动而稍微偏离交叉点，但只要保持在交叉点周围的视觉舒适区域内，画面依然会有很好的构图效果。

②除了单个主体可以放置在交叉点，多个主体也可以通过组合的方式与交叉点产生关联。比如在拍摄人物对话场景时，可以将一个人物的面部中心放在一个交叉点，另一个人物的手部动作或者重要道具放在另一个交叉点，这样通过多个主体与交叉点的互动，丰富画面的构图层次，使观众能够同时关注到不同主体之间的关系和互动。

第三节　带货短视频拍摄技巧

一、前期准备

1.了解好物

深入了解推荐的好物，包括产品的功能、特点、使用场景、目标受众等。例如，推荐一款智能手表，你需要了解它的健康监测功能（如心率、睡眠监测）、运动模式、续航时间、与手机的连接方式等细节。这样在拍摄过程中才能突出重点，精准地向观众传达产品的价值。

2.脚本撰写

（1）一个好的脚本是视频成功的关键。开头要能够吸引观众的注意力，比如可以用一个有趣的问题、一个引人入胜的场景或者一个令人震惊的产品数据来开场。例如："你是否想过，有一款产品能让你的清洁时间缩短一半？"

（2）中间部分详细介绍产品的功能和优势。可以按照重要程度或者使用流程来安排内容。以推荐一款无线吸尘器为例，可以先介绍它的吸力大小，然后展示它的轻便性和各种吸头的用途。

（3）结尾部分要引导观众采取行动，如点赞、评论、购买等。可以给出购买链接或者优惠信息，并且用热情的语言鼓励观众，例如："这款好物真的很值得入手，快点击链接下单吧！"

3.场景布置和道具准备

（1）根据产品选择合适的拍摄场景。如果是家居用品，干净整洁、具有生活气息的家居环境会比较合适；如果是美妆产品，一个有明亮灯光的化妆台场景更好。

（2）准备相关道具来辅助展示产品。例如，推荐一款咖啡研磨机，可以准备咖啡豆、咖啡杯等道具，可以让观众更直观地看到产品的使用过程。同时，要确保道具的颜色和风格与产品相协调，不会分散观众对产品的注意力。

4.设备选择和设置

（1）设备选择。可以使用智能手机或者专业摄像机。智能手机方便携带且拍摄质量不错，现在很多手机都有高像素镜头和防抖功能。如果追求更高质量的画面，可以使用专业摄像机。同时，根据需要可以配备三脚架、稳定器、外置麦克风等辅助设备。三脚架用于固定拍摄，稳定器可以让画面在移动拍摄时更加平滑，外置麦克风能提高声音的清晰度。

（2）设置。调整好拍摄设备的参数。对于画质，要根据光线情况设置合适的分辨率、帧率和感光度。在光线充足的室内，感光度可以设置在 100 ~400，帧率一般选择 30fps 或 60fps，分辨率根据设备支持情况尽量选择高清以上。对于色彩平衡，要确保画面颜色真实，避免出现偏色的情况。如果是在室内灯光下，可能需要调整白平衡设置，让白色物体在画面中看起来是真正的白色。

二、拍摄中的技巧

1.多角度拍摄

（1）展示产品全貌。从产品的正前方、正后方、侧面、上方、下方等多个角度进行拍摄，让观众对产品的外观有一个全面的了解。例如，拍摄一款运动鞋，可以先拍正面的整体造型，再拍侧面展示鞋底的弧度和鞋面的线条，最后拍底部的纹路。

（2）拍摄细节部分。使用特写镜头突出产品的关键细节，如产品的品牌标志、独特的设计元素、精致的做工等。如果是推荐一款电子产品，特写镜头可以聚焦在接口、按键等细节处，让观众清楚地看到产品的质量和细节。

2.动态展示

（1）产品使用过程展示。如果是一款工具类产品，如电动螺丝刀，要拍摄它实际使用的过程，包括拿起产品、安装螺丝刀头、拧紧螺丝等操作步骤，让观众看到产品是如何工作的。在拍摄过程中，动作要流畅自然，并且可以适当添加一些手势引导，比如用手指指向产品的操作部位。

（2）产品的移动展示。对于一些小巧的产品，如首饰，可以将产品放在一个旋转台上，拍摄它旋转的过程，全方位地展示产品的外观。或者拿着产品在镜头前缓慢移动，从不同角度展示产品，但要注意移动速度不能太快，以免观众看不清楚。

产品展示技巧

1.全方位展示产品

整体外观：以清晰、明亮的画面展示产品的整体造型和设计。可以从多个角度拍摄，如正面、侧面、背面等，让观众对产品的外形有全面的了解。例如，拍摄一款智能手表，要展示表盘的大小、表带的材质和颜色、表身的厚度等细节，确保观众在第一时间对产品的外观有直观的印象。

细节特写：运用特写镜头突出产品的关键细节和特色功能。对于电子产品，可以对其按键、接口、屏幕显示效果等进行特写；对于美妆产品，可聚焦于产品的质地、刷头设计、品牌标志等。通过细节展示，增加产品的可信度和吸引力，让观众感受到产品的品质和独特之处。例如，拍摄一款口红时，对口红的膏体颜色、滋润度以及管身的品牌标识和设计细节进行特写，让观众能够清晰地看到产品的特点。

2.使用场景展示

真实场景模拟：创设与产品使用相关的真实场景，让观众能够直观地看到产品在实际生活中的应用效果。例如，对于一款户外帐篷，拍摄在野外露营地搭建帐篷的过程，以及人们在帐篷内休息、活动的场景，展示帐篷的空间大小、防水性能、通风效果等。这样的场景展示能够让观众更好地想象自己使用该产品时的情景，从而提高他们对产品的购买意愿。

创意场景构建：除了真实场景，还可以构建一些创意场景来突出产品的特点和优势。例如，为了推广一款智能音箱，可以设计一个充满科技感的未来家居场景，音箱通过语音控制各种智能设备，如灯光的开关、窗帘的升降等，展示音箱的智能互联功能和便捷性，给观众带来新奇的感受，吸引他们的关注。

3.人物互动拍摄

可以安排人物在视频中使用产品，增加真实感。如果是推荐一款健身器材，可以让一个健身人士在镜头前展示如何使用该器材进行锻炼，并且可以在使用过程中分享使用感受，如"这个器材很容易上手，而且锻炼效果非常好"。

人物的表情和动作要自然、真实，并且要与产品相匹配。比如推荐一款美食，人物在品尝时要表现出享受的表情，让观众能够通过人物的反应感受到食物的美味。

4.光线运用

自然光是最好的选择，如果在白天拍摄，选择靠近窗户、光线充足且均匀的地方。避免阳光直射，以免产生强烈的阴影。如果在光线不足的室内，可以使用人工光源，如柔光灯、环形灯等。柔光灯可以使光线更加柔和，减少阴影，适合拍摄产品的整体外观；环形灯通常用于拍摄人物使用产品的场景，能够提供均匀的面部照明，让人物的表情和产品细节都能清晰地展现出来。

拍摄中要注意光线的方向，会通过调整灯光的角度来创造不同的光影效果。例如，侧光可以突出产品的轮廓，顶光可以用于展示产品的平面细节，逆光可以营造出一种高级感，但需要注意在逆光拍摄时要适当补光，以免产品主体过暗。

第四节　剪映剪辑视频

一、下载 App

1.安卓手机下载

应用商店下载：打开手机上的应用商店（如华为应用市场、小米应用商店等），在搜索栏中输入"剪映"，找到对应的 App，点击"下载"按钮，等待下载和安装完成。

官网下载：可以通过浏览器访问剪映的官方网站获取安卓版的下载链接，但这种方式可能比较麻烦，且不如应用商店下载安全便捷。

2.苹果手机下载

苹果商城下载：打开苹果手机的苹果商城 App，在搜索框中输入"剪映"，点击获取并进行身份验证（如输入 Apple ID 密码或使用指纹识别等），等待下载和安装完成。

3.电脑版本

（1）官网下载

①打开电脑上的浏览器，在搜索引擎中输入"剪映官网"，进入官方网站。

②在官网界面中，找到剪映电脑版的下载入口。通常会有明显的"立即下载"等按钮，点击它开始下载剪映电脑版的安装包。

③下载完成后，找到下载好的安装包文件（通常为 .exe 格式），双击运行安装包。

④在安装过程中，按照提示选择安装路径等信息，完成安装。

（2）软件应用商店下载（以 Windows 应用商店为例）

①点击电脑桌面左下角的"开始"按钮，打开 Windows 应用商店。

②在应用商店的搜索栏中输入"剪映"进行搜索。

③在搜索结果中找到剪映软件，点击"获取"或"安装"按钮，等待下载和安装完成。

需要注意的是，从非官方或不可信的渠道下载软件可能会带来安全风险，建议选择官方渠道下载。

二、剪映的优点

1.操作简单易上手

剪映的界面简洁直观，各项功能的操作都不复杂，即使是没有视频剪辑经验的新手也能快速掌握。比如切割视频、添加字幕、应用滤镜等常用操作，都可以通过简单的点击和拖动来完成。

2.功能丰富多样

（1）剪辑。支持视频的分割、裁剪、拼接、倒放、变速等基本操作，可以满足用户对视频剪辑的各种需求。例如，通过变速功能可以调整视频的播放速度，营造出快节奏或慢动作的效果。

（2）音频处理。拥有海量的音乐曲库，包含各种风格的音乐，用户可以轻松为视频添加合适的背景音乐。此外，还支持音频的提取、分割、调整音量等操作。

（3）字幕添加。具备自动识别字幕功能，能够快速准确地识别视频中的语音并转化为字幕，大大节省了用户手动输入字幕的时间。同时，还有多种字体样式和颜色可供选择，方便用户对字幕进行个性化设置。

（4）特效和滤镜。提供了丰富的特效和滤镜效果，如转场特效（交叉互溶、闪黑、擦除等）、画面特效（光影、模糊、马赛克等）、风格滤镜（复古、清新、电影感等），可以让视频更具视觉冲击力和艺术感。

（5）贴纸和画中画。有各种独家设计的手绘贴纸，为视频增添趣味性和创意性。画中画功能允许用户在一个视频中同时添加多个视频或图片素材，实现多画面的组合效果。

3.素材丰富且免费

剪映提供了大量的免费素材，包括贴纸、字体、音乐、特效等，用户可以根据自己的需求自由选择和使用，无须额外付费购买，降低了用户的创作成本。

4.智能辅助功能强大

剪映智能辅助功能强大，例如智能踩点功能，可以根据音乐的节奏自动为视频添加标记点，方便用户在剪辑时进行卡点操作，制作出节奏感强的视频；智能美颜和智能调色功能，能够根据视频内容自动优化人物的肤色和画面的色彩，使视频效果更加出色。

5.支持多平台分享

剪映支持多平台分享，剪辑完成的视频可以直接分享到国内版抖音、微博、微信等多个社交平台，方便用户与朋友、粉丝分享自己的作品，增加视频的曝光度和传播力。

三、剪辑实操

（1）打开剪映软件后，点击"开始创作"。如图 6-9 所示。

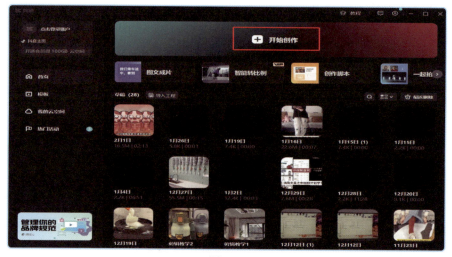

图6-9

（2）在电脑里选择一个自己想要剪辑的视频。如图6-10所示。

图6-10

（3）导入视频之后会进入剪辑界面，会看到剪映的各个功能，选中导入的素材，将其拖曳到下方轨道中，进行各项剪辑操作。如图6-11所示。

图6-11

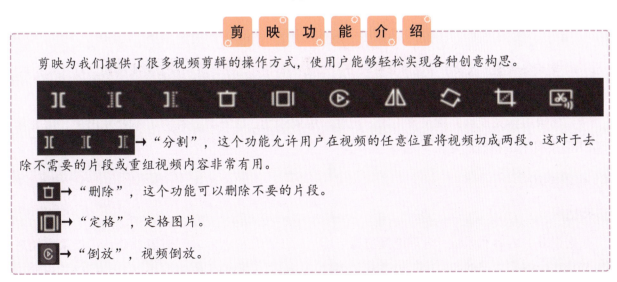

剪 映 功 能 介 绍

剪映为我们提供了很多视频剪辑的操作方式，使用户能够轻松实现各种创意构思。

"分割"，这个功能允许用户在视频的任意位置将视频切成两段。这对于去除不需要的片段或重组视频内容非常有用。

"删除"，这个功能可以删除不要的片段。

"定格"，定格图片。

"倒放"，视频倒放。

剪 映 功 能 介 绍

⬛ → "镜像"，让视频或图片呈现镜像效果。

⬛ → "旋转"，旋转视频方位。

⬛ → "裁剪比例"，可以按照比例裁剪视频画面。

⬛ → "智能剪口播"，可以自动把口播内容识别出来，然后再进行局部编辑。

"画面" → 对视频透明度、位置、大小等进行操作。

"音频" → 对音频进行美化操作。

"变速" → 通过视频加速或减速，用户可以创造出动态的视觉效果，如慢动作或快节奏的场景。

"动画" → 为视频添加动画效果，如入场动画、出场动画等，可以使视频更加生动和吸引人。

"调节" → 调节画面对比度、亮度、色调等。

"AI 效果" → 可以为视频添加 AI 特效等。

"媒体" → 如果素材不够，可以再从电脑里面导入素材。

"音频" → 可以加入在线的音频材料。

"文本" → 为视频添加文本。

"贴纸" → 为视频添加贴纸效果。

"特效" → 为视频添加各种特效。

"转场" → 给视频添加运镜、光效、扭曲、故障等转场效果，具体效果可以在剪辑软件上看。

"滤镜" → 为素材添加各种滤镜，如冬日、风格化、相机模拟等各种滤镜效果。

"调节" → 在这里可以自定义自己的调节模板，具体效果和上面介绍的"调节"类似。

"模板" → 能够套用国内版抖音中的模板效果，这对于想要创作时髦、跟上潮流的视频内容的用户来说非常方便。

点击右键可进行"音频分离""新建复合片段""识别字幕/歌词""替换片段"等操作。

"音频分离"，点击右键找到"音频分离"，这项功能允许从视频中提取音频，对于需要在其他地方重新编辑音频或使用原视频音频的用户来说非常有用。进行版权校验是重要的，以确保音频的合法使用。

（4）视频剪辑完成后，就可导出来。记住：编码须为"H.264"，且一定不要发出去，需要导入到 TikTok 手机上进行首次发布。

四、剪辑技巧

1.节奏把握

根据视频的内容和风格，合理把握剪辑节奏。对于产品介绍和功能讲解部分，可以采用相对较慢的节奏，让观众有足够的时间理解信息；而对于产品展示和使用场景演示部分，可以适当加快节奏，增加视频的动感和吸引力。剪辑节奏的变化要自然流畅，避免突兀。例如，在展示产品的多个特点时，可以采用快速切换的剪辑方式，每个特点用简短的片段展示，然后通过适当的转场效果连接起来，让观众在短时间内了解产品的主要优势；而在讲解产品的使用方法时，采用较慢的剪辑节奏，详细展示每一个操作步骤，让观众能够跟上节奏。

2. 片段筛选与拼接

在拍摄的大量素材中，筛选出最能体现产品特点和优势、最具吸引力的片段进行拼接。要注意片段之间的逻辑顺序和过渡的自然性。例如，先展示产品的整体外观，然后依次介绍产品的各个功能特点，每个功能特点的展示片段要与前面的整体外观和后面的其他功能有自然的衔接，可以通过相似的画面元素、动作或音效等进行过渡。同时，要删除那些不必要的、重复的或质量不佳的片段，保证视频的简洁性和流畅性。

3. 转场效果

剪映提供了多种转场效果，适当运用转场效果可以使视频的过渡更加自然、流畅，增强视觉效果。但要注意，转场效果不能过于复杂或频繁使用，以免分散观众的注意力。常见的转场效果有淡入淡出、闪白、闪黑、旋转、滑动等。要根据视频的内容和风格搭配转场效果，例如，在展示产品的不同使用场景之间的切换时，可以使用滑动转场效果，让观众感觉是在不同的场景之间自然地切换；在从产品介绍过渡到使用演示时，可以使用淡入淡出的转场效果，使过渡更加柔和。

4. 色彩调整

（1）色彩校正。确保视频的色彩真实、准确。在拍摄过程中，由于光线等因素的影响，可能会导致视频的色彩出现偏差。后期的色彩校正工具，通过对视频的色温、色调、饱和度等进行调整，使产品的颜色和整个画面的色彩还原到最真实的状态。例如，如果拍摄的产品颜色偏黄，在后期可以通过降低色温来调整，使产品的颜色恢复正常；对于一些在低光环境下拍摄的视频，可能会出现色彩饱和度较低的情况，可以适当提高饱和度，使画面更加鲜艳、生动。

（2）色彩风格化。根据产品的特点和视频的主题，为视频添加一定的色彩风格。例如，对于一款时尚的美妆产品，可以采用鲜艳、明亮的色彩风格，增强视觉冲击力，吸引年轻女性观众的注意力；对于一款复古风格的家居用品，可以采用暖色调、低饱和度的色彩风格，营造出复古、温馨的氛围。色彩风格化要适度，不能过于夸张，以免影响产品的真实展示效果。可以通过调整色彩曲线、添加滤镜等方式来实现色彩风格化，但要注意保持画面的整体协调性和美感。

（3）画面裁剪与构图。利用画面裁剪来优化构图。裁剪掉画面中不必要的元素，突出主体内容。例如，将人物放在画面的中心或黄金分割点附近。同时，根据视频的叙事需要来调整画面的比例，如将横屏素材剪辑成适合竖屏播放的格式，以适应 TikTok 等平台的播放要求。

5. 音频处理

（1）背景音乐选择与调整。选择合适的背景音乐，背景音乐要与视频内容相契合，能够增强视频的情感表达和氛围营造。在剪映中，可以根据视频的主题搜索合适的音乐，如搞笑视频选择诙谐幽默的音乐，励志视频选择激昂向上的音乐。同时，要注意调整背景音乐的音量，确保其与视频中的人声或其他音效保持平衡，不会盖过主要声音内容。

（2）音频剪辑与混音。对音频进行剪辑，去除不需要的部分，如音乐开头或结尾的空白部分。如果视频中包含多段音频（如人声解说、背景音乐和音效），要进行混音处理，使它们融合自然。例如，在人物说话时，可以适当降低背景音乐的音量，以突出人声。

6. 添加字幕

（1）字幕的准确性与可读性。确保字幕的准确性，不能有错别字和语法错误。字幕的字体大小、颜色和样式要保证在各种设备上都具有可读性。例如，避免使用过小的字体或与背景颜色相近的字体颜色。对于有多种语言需求的视频，要添加准确的翻译字幕。

（2）字幕的出现时机与时长。字幕的出现时机要与视频中的人物说话或相关情节相匹配。字幕的时长也要合适，既不能过快消失让观众来不及阅读，也不能长时间停留在屏幕上影响视频的观看体验。一般来说，每个字幕片段的时长要根据句子的长短和正常阅读速度来调整。

7. 添加特效

适当添加一些特效可以增强视频的趣味性和吸引力，但要注意特效的运用要与产品和视频的主题相符合，不能过于花哨而分散观众的注意力。常见的特效有画面缩放、旋转、模糊、光影效果等。例如，在展示产品的某个细节特点时，可以使用画面缩放特效，将镜头逐渐拉近到产品的细节部位，突出展示效果；在产品出现或消失时，可以添加一些简单的光影特效，如光芒闪烁等，增加产品的视觉吸引力。但特效的使用要适度，不能滥用，以免影响视频的整体质量和专业性。

8. 添加封面

（1）内容相关。直观反映视频主题，如美食视频封面用菜肴或关键制作步骤，旅游视频用景点标志性景观。

（2）视觉吸引。注意色彩搭配，色彩鲜艳，对比度强且协调，符合视频风格，如惊悚视频用暗色调。同时要注意图像清晰度与构图，图像清晰、稳定，构图遵循基本法则，主体元素放置合理。

（3）文字信息。文字要简洁明了，能概括视频内容或亮点，系列视频可标明名称和序号。字体与风格相符，大小合适、主次分明且在不同设备可读。

（4）避免误导。封面真实呈现视频内容，不使用无关元素误导观众。

小提示

素材版权问题

（1）素材来源要合法。确保所使用的原始素材来源合法合规。如果是从网络上获取的素材，要查看是否有版权限制或是否需要授权。例如，有些图片、音乐或视频片段可能受到版权保护，未经许可使用可能会导致侵权纠纷。剪映软件自带的素材库中的素材一般是可以合法使用的，但如果使用外部素材，一定要谨慎。

（2）平台规则要遵守。遵循 TikTok（或其他目标平台）关于二创内容的规则。有些平台对二创作品有特定的要求，如需要注明素材来源、在一定比例范围内使用原始素材等。确保制作的二创视频符合这些平台规则，以免视频被限流或下架。

素材清晰度问题

分辨率与清晰度。在剪辑过程中，要保持视频的分辨率和清晰度。如果原始素材清晰度较高，尽量不要在剪辑过程中降低其质量。剪映提供了多种导出设置，可以根据目标平台的要求选择合适的分辨率（如1080p 或更高）和帧率（一般短视频可选择30fps 或60fps），以确保视频在播放时清晰流畅。

第七章　达人短视频出单回款

第一节　MCN 机构对达人的重要作用

一、MCN 机构

TikTok 达人短视频带货 MCN 机构是一种在 TikTok 生态系统中专门做运营的组织形式，它主要围绕 TikTok 平台上的达人开展短视频带货相关业务。这类机构与众多达人有合作关系，能整合资源，以实现商业目标。

二、MCN 机构的作用

1.MCN 机构对达人的作用

（1）提供专业培训与指导。许多达人虽然具有创意和内容创作能力，但在商业运营、短视频带货技巧等方面可能缺乏经验。MCN 机构可以为达人提供专业的培训，包括视频拍摄技巧、剪辑优化、直播带货话术、粉丝运营策略等方面的指导。例如，教达人如何在短视频中更好地展示商品特点，以吸引观众购买。

（2）资源整合与拓展。MCN 机构拥有丰富的资源网络。它可以为达人提供更多的商业合作机会，如与知名品牌建立联系，促成带货合作。同时，机构能够整合多种推广资源，如广告投放渠道、营销活动策划等，帮助达人扩大影响力。例如，机构可以将达人纳入到一些大型的品牌推广活动中，让达人接触到更广泛的受众。

（3）账号运营支持。在账号管理方面，MCN 机构能够协助达人进行账号的优化和运营。包括分析账号数据，了解粉丝的喜好和行为特征，从而制定更精准的内容创作和推广策略。例如，根据数据分析结果，建议达人在某个特定时间段发布视频，以获取更高的流量和互动率。

（4）风险分担与权益保障。在 TikTok 的商业运营中，达人可能面临各种风险，如版权纠纷、商业合作中的合同陷阱等。MCN 机构凭借其专业的法务团队和行业经验，可以为达人分担风险，保障达人的合法权益。例如，在与品牌签订带货合作协议时，机构能够对合同条款进行审核，避免达人陷入不合理的条款约束中。

此外，MCN 机构也是 TikTok 达人短视频回款的重要途径。MCN 机构凭借其在商业合作中的资源整合与谈判能力，能够为达人争取更有利的合作条件，包括确保达人获得稳定的短视频带货收入回款。

2.MCN 机构对品牌方的作用

（1）达人资源匹配。对于品牌方而言，要在 TikTok 众多达人中找到适合自己产品推广的达人并非易事。MCN 机构拥有大量的达人资源，并且对这些达人的风格、粉丝群体、影响力等有深入的了解。MCN 机构可以根据品牌方的产品特点、目标受众和营销预算，精准匹配到合适的达人进行短视频带货推广，提高营销效果。

（2）营销活动策划与执行。MCN 机构具备专业的营销团队，能够为品牌方策划定制化的短视频带货营销活动。从活动主题的设定、视频内容的创意构思到活动的执行和推广，机构都可以提供一站式服务。例如，为一个美妆品牌策划一场以"夏日美妆焕新"为主题的短视频带货活动，通过达人的创意短视频和互动玩法，吸引消费者购买产品。

（3）数据监测与效果评估。在营销活动中，MCN 机构可以对相关数据进行实时监测，如达人视频的播放量、点赞数、评论数、带货转化率等。通过对这些数据的分析，机构能够准确评估营销活动的效果，为品牌方提供详细的报告，并根据数据反馈及时调整策略，优化营销效果。

（4）品牌形象塑造与维护。MCN 机构可以通过对达人短视频内容的策划和审核，确保品牌形象在推广过程中得到准确的传达。同时，MCN 机构也会关注达人与粉丝之间的互动，及时处理可能对品牌形象造成负面影响的情况，从而在 TikTok 平台上塑造和维护品牌的良好形象。

3.MCN 机构对 TikTok 平台的作用

（1）内容生态优化。MCN 机构通过挖掘和培养优质达人，鼓励达人创作更多高质量的带货短视频。这些内容丰富了 TikTok 的内容生态，吸引了更多用户关注和参与，提高了平台的用户活跃度和留存率。例如，MCN 机构推动达人创作一些具有创意的商品评测、使用教程等方面的短视频，为用户提供有价值的消费参考，同时也增加了平台的内容多样性。

（2）商业生态构建。MCN 机构在达人与品牌方之间搭建了桥梁，促进了 TikTok 平台上的商业合作。这有助于构建和完善 TikTok 的商业生态，使平台不仅仅是一个娱乐内容平台，更是一个具有强大商业潜力的营销平台。随着更多的品牌通过 MCN 机构与达人合作进行短视频带货，TikTok 平台的商业价值也在不断提升。

（3）市场秩序规范。MCN 机构在运营过程中，会遵循一定的行业规范和平台规则。其对达人的管理和商业合作的规范操作，有助于在 TikTok 的短视频带货领域建立良好的市场秩序。例如，MCN 机构会要求达人遵守广告法的相关规定，在带货短视频中准确、真实地介绍产品，避免虚假宣传等不良行为。

三、达人绑定 MCN 机构的操作

达人绑定 MCN 机构的具体操作如下所示。

（1）将 TikTok 达人"账号""uid"提供给 MCN 机构。

（2）MCN 机构后台申请绑定 TikTok 达人，发消息给 TikTok 达人。

（3）TikTok 达人账号后台会收到 MCN 机构发的消息，TikTok 达人在手机后台同意后，即可成功绑定 MCN 机构。

在 TikTok 账号端选择"收件箱"，找到"系统通知"（见图 7-1），点进去，找到并点击"盈利"（见图 7-2），进入到图 7-3 所示界面，在该界面找到 MCN 机构发过来的绑定信息。

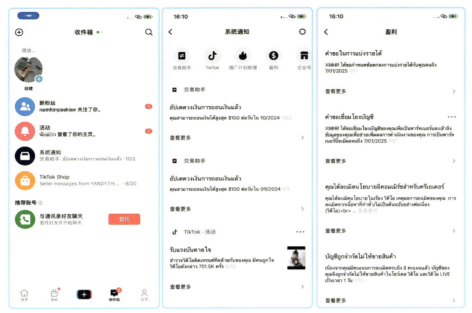

图7-1 图7-2 图7-3

图 7-4 和图 7-5 所示是 MCN 机构发给达人的后台信息的界面和达人同意之后的界面。

图7-4 图7-5

注意

　　在 MCN 机构绑定达人的操作中，达人至少会收到 2 条信息，第一条是关于合作伙伴绑定的，第二条是关于利益分成的，只有同意第二条之后，我们才可以通过 MCN 机构回款。

第二节　查看达人账号出单数据与回款

一、查看账号带货出单数据

美区达人账号有关界面如图 7-6 所示。

图7-6

二、美区达人 TikTok 账号 PayPal 回款

目前美国 TikTok 账号回款可以通过绑定 PayPal 提现，现在提现需要实名认证，需要本人提供 SSN（Social Security Number，社会安全号码），因此实名认证可以找美国的朋友帮忙，或者咨询本书作者。

1.注册 PayPal

（1）进入 PayPal 官方网站，如图 7-7 所示。

图7-7

（2）选择注册的账号类型（以个人账户为例），进入下一界面，在这里填入手机号码，如图 7-8 和图 7-9 所示。

图7-8　　　　　　　　　　　　　　　图7-9

（3）将手机上接收到的验证码填入其中，再设置其他相关信息，这里一定要填真实信息。如图7-10和图7-11所示。

图7-10　　　　　　　　　　　　　　　图7-11

（4）注册成功后，可以绑定收款银行卡，这里一般会用第三方支付平台回款。如图7-12所示。

图7-12

2.TikTok账号绑定PayPal

PayPal注册成功之后，选择"TikTok Shop"，进入TikTok Shop达人中心，下划找到"收益"，选择"添加"，在弹出的佣金提现方式中选择PayPal提现，按操作提示绑定PayPal账号。

三、东南亚达人 MCN 回款和银行卡回款

目前开通电商带货权限的东南亚六国（印度尼西亚、泰国、马来西亚、越南、新加坡、菲律宾）都可以通过以下两种方式提现。

随着时间的推移，TikTok 平台将逐渐开通其他国家电商权限。

1.绑定本地人的银行卡回款

目前本土的达人都以这种方式提现，国内部分达人账号也是通过本土银行卡提现，部分第三方支付公司也有相关服务。

选择"TikTok Shop"，进入 TikTok Shop 达人中心，下划找到"收益"，选择"添加"，在弹出的提现方式中绑定本土银行卡进行提现。如图 7-13 至图 7-15 所示。

图7-13 图7-14 图7-15

2.绑定MCN机构回款

目前国内绝大部分的 TikTok 带货团队通过 MCN 机构回款，将账号绑定在 MCN 机构下面，然后让 MCN 机构负责人按规定时间通过银行或者支付宝等将收益转到运营达人的个人账户上。

（1）本土达人可以在 MCN 机构后台设置约定好的比例。MCN 机构有四方分账功能，等到订单完成履约，则将按照约定的比例回款。

（2）国内 TikTok 带货团队多数是通过 MCN 机构回款，所以自营的账号基本都是授权到 MCN 机构回款，最后再由 MCN 机构将佣金通过银行卡或者其他支付方式转到个人账户上。

第二篇

TikTok Shop 运营

第八章　TikTok Shop 基础认知与入驻

第一节　店铺基础常识

一、店铺的类型与差异

TikTok Shop 率先在印度尼西亚开通，随后在英国、泰国、马来西亚、菲律宾、新加坡、越南、美国等国家也开通了相关权限。店铺主要分本土店和跨境店，两者的差异如表8-1所示。

表8-1　本土店和跨境店区别

区别		本土店	跨境店
注册主体与资料		本土店需所在站点当地公司执照或个人身份证、驾驶证、护照等。	一般要求提供中国内地或中国香港的营业执照、法人证件等相关信息，个体执照或个人通常无法申请（部分地区政策有变化，如东南亚可以个体执照申请）。
注册网站		需要在外网环境下注册	可直接在国内网络环境下注册
平台政策与限制	销售区域限制	通常只能在店铺所在的本土国家或地区进行销售，不能跨国销售。如美国的本土店只能面向美国市场的消费者，不能将商品销售到其他国家。	注册一个账号后，可以开通多个站点，从而有机会面向多个国家或地区的消费者销售商品，实现"全球卖"。不过，具体可开通的站点和销售范围需依据平台政策及商家申请情况而定。
	新店限单规则	部分地区的本土店可能存在新店限单的规则，超过一定数量就会被系统自动关闭。	相对来说，在订单量方面的限制可能没有本土店那么严格，但也需要遵守平台的相关规定。
	类目限制	多类目产品。	单一类目产品。
费用方面	保证金与佣金	在某些地区可能不需要缴纳保证金，或者保证金金额较低；部分地区甚至可能在初期有一定的免佣政策，但具体情况因地区而异。	不同站点不同类目，需要缴纳不同金额的保证金，保证金金额范围跨度较大，同时还会收取一定比例的交易佣金，一般在 1.8% 左右（具体依平台和地区政策而定）。
	物流费用	头程支付交给货代，运输模式会影响费用，尾程由平台负责。对于国内没有海外仓的商家来说较麻烦。	头程官方统一收取，订单收入扣除运费后再给到商家。官方合作的物流方式相对固定，物流费用的计算和收取方式也相对较为统一。
	回款周期	回款速度相对较快，一般在订单完成后的较短时间内，比如 24 小时内就能收到款项，资金周转速度快。	回款周期相对较长，通常需要 30 天左右甚至更久才能到账，对于资金周转紧张的商家来说是一个较大的挑战。

（续表）

区别	本土店	跨境店
营销活动与政策支持	可以更好地享受 TikTok 平台在当地提供的各种营销活动和优惠政策，如当地的节日促销活动、专属的折扣券等，且更容易获得平台的流量扶持，因为平台会更倾向于推广本土店铺，买家对本土店的信任度也相对较高，转化率可能会更高。	能参与 TikTok 平台提供的一些营销活动和优惠政策，但在某些地区可能由于政策或市场竞争等因素，获得的支持力度相对本土店会稍弱一些。
店铺运营风险	如果出现超发货时效、网络不稳定、店铺资料虚假等问题，比较容易导致封店。而且本土店的审核速度可能比较慢，更容易触发二审等额外的审核流程。	相对来说，运营风险主要来自账号的合规性、商品的质量和知识产权等方面的问题，但在店铺稳定性方面可能相对本土店稍高一些。

二、店铺的经营模式

TikTok 是一个创新型兴趣电商平台，汇聚了商家、达人、机构和买家四方群体。在这里，品牌、商家以及创作者拥有多元化的展示途径，他们能够借助短视频生动地呈现商品特点，可以通过直播与观众实时互动，还可以利用商品卡直观地展示商品信息，进而实现商品的销售，为电商领域带来全新的活力与机遇。

图 8-1 所示为商城，图 8-2 所示为直播间挂车，图 8-3 所示为短视频挂车。

　　　　图8-1　　　　　　　　　　图8-2　　　　　　　　　　图8-3

三、TikTok 跨境店的前期投入和运营成本

TikTok 跨境店的前期投入和运营成本见表 8-2。

表8-2　TikTok跨境店的前期投入和运营成本

项目		成本
前期投入	营业执照办理	如果自己去办理营业执照，费用相对较低，一般在500~1500元不等；如果找代理公司注册，费用在500~2000元，具体收费标准以自己寻找的代理公司标准为准。
	商标注册(可选)	如果想要打造自己的品牌，则需要注册一个商标。一般情况下，普通商标注册费是300元左右，集体商标注册费是1500元左右。
	开店保证金	不同国家和地区、不同主营类目，保证金金额有所不同。如美国需要500美元，东南亚每个站点根据类目不同，平均90美元一个站点。
	设备和软件费用	一台性能较好的电脑是运营店铺的基础，价格在3000~8000元不等，具体取决于配置要求。另外还需几台二手手机，用来运营TikTok账号，费用在500~2000元不等。
	网络和IP费用	为了保证网络的稳定性和安全性，可能需要使用独立的网络和纯净的境外住宅IP，防止账号关联和IP检测问题。如果使用云手机等服务，每月费用可能在几十元至几百元不等。
	店铺管理软件费用（可选）	使用支持多店铺管理的跨境电商ERP软件可以提升店铺的运营效率，一些软件在店铺数量较少时可能免费，店铺数量增多后会产生会员服务费。
运营成本	商品采购成本	需要提前垫付货品的采购费用。如果资金不充足，可以从低价产品入手，首批备货数量建议在200~500个，具体采购成本取决于商品的种类和采购量。
	物流费用	头程运输费用：如果使用自发货模式，物流发货方式有陆运、海运和空运等，费用从低到高，时效性从慢到快。以陆运为例，每500克的货物费用可能在60元左右。
		尾程配送费用：如果使用TikTok平台的物流服务，需要支付相应的尾程配送费用，具体收费标准因地区和物流渠道而异。
	广告和推广费用	在TikTok上进行广告投放和推广是增加店铺曝光和销量的重要手段。广告费用根据广告形式、投放时长、目标受众等因素而定，预算可高可低，少则每月几百美元，多则数千美元甚至更多。
	交易手续费和平台佣金	平台会收取一定的交易手续费，费率一般在2%~3%，不同国家站点的收费标准有所不同，平台会自动从结算金额中扣除。另外，平台也会收取一定的佣金。
	客服和售后成本	需要投入人力和时间成本来处理客户的咨询、投诉和售后问题，以保证客户的满意度。

　　总体而言，开 TikTok 跨境店的前期投入和运营成本因个人的经营策略、商品种类、市场定位等因素而异。在开店之前，建议详细了解平台的政策和费用标准，制订合理的预算和经营计划。

四、店铺类目须知

　　在 TikTok Shop 跨境平台上，我们需要了解不同商品类目的特点和限制。跨境店只能申请一个类目，因此要对各类商品有清晰的认识。

　　商品主要分为普货、特货、敏感货、禁运品 4 大类型。其中，禁运品在 TikTok Shop 跨境平台上是不能上架销售的。对于一些特货和敏感货，可能需要向官方进行资质报白后才能上架。所以在申请开通店铺时，一定要谨慎选择类目，避免后期因类目不符而带来的麻烦。

在店铺上架产品时，要特别注意是否存在侵权问题以及是否需要开白。侵权行为可能会导致店铺遭受处罚，严重影响店铺的正常运营。同时，了解各地区的禁售商品政策与规则也至关重要。不同地区可能对某些商品有特定的限制，比如某些药品可能在一些地区被列为禁售品。只有充分了解并遵守这些政策与规则，才能确保店铺的合法合规运营，避免不必要的风险。

第二节　注册 TikTok Shop 跨境店

一、注册网站

注册 TikTok Shop 跨境店网址：

https://seller.tiktokglobalshop.com

二、注册资料

东南亚个人跨境店：个人身份证，护照，中国香港永久居民身份证、个人营业执照、第三方经营经验。

东南亚企业跨境店：个人身份证，护照，中国香港永久居民身份证、公司性质营业执照。

美区跨境店：个人身份证，护照，中国香港永久居民身份证、公司性质营业执照、第三方经营经验。美国暂时没有个人跨境店。

三、注册步骤

（1）网页端输入 https://seller.tiktokglobalshop.com 进入跨境店注册平台。用唯一的手机号码 + 邮箱注册平台账号。如图 8-4 所示。

（2）进入"01 市场选择"界面，在该界面选择入驻市场、入驻方式、公司主体所在地，以上信息根据实际情况填写。如图 8-5 所示。

图8-4　　　　　　　　　　　　　　　　　　图8-5

（3）单击"继续"，进入"02 资质认证"界面，在该界面上传营业执照、法人代表证件和提供第三方电商平台经营证明。根据具体情况填写并上传资料。例如，东南亚企业性质的跨境店不需要提供第三方电商平台经营证明。

图 8-6 所示为东南亚个人跨境店，需要上传营业执照、法人代表证件和提供第三方电商平台经营证明。

图 8-7 所示为东南亚企业跨境店，需要上传营业执照、法人代表证件，但无须提供第三方电商平台经营证明。

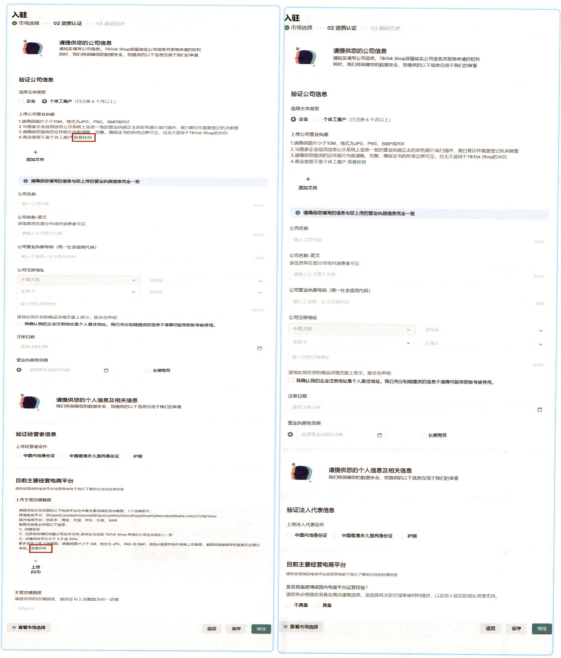

图8-6　　　　　　　　　　　　　　　图8-7

图 8-8 所示为美国跨境店，需要上传营业执照、法人代表证件和提供第三方电商平台经营证明。

（4）单击"继续"，进入"03 基础信息"界面，在该界面填写店铺名称，选择店铺经营类目。如图 8-8 和图 8-9 所示。

提交的第三方资料一定要真实，如果不知道图片上传样例是怎么样的，可以单击"查看样例"绿色文字（见图 8-6），查看具体样例。

（5）等待审核。审核成功后，我们就注册好店铺了。

跨境店只能选择一个类目，但是 6 个月之后可以更改一次类目，具体以官方规定为准。

图 8-8 　　　　　　　　　　　　　　　　　图 8-9

第三节　注册本土店铺（以美国本土店为例）

一、注册网站

https://seller-us-accounts.tiktok.com

　　用专用浏览器进入网站，用邮箱或者手机号码注册 TikTok Shop，如图 8-10 所示；再选择自己注册的类型，具体类型如图 8-11 所示。

图8-10

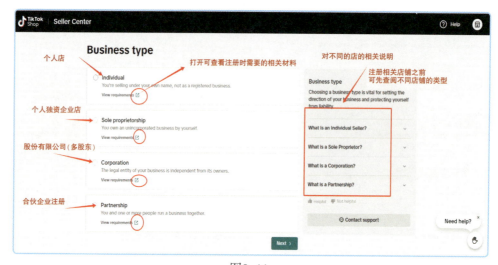

图8-11

1.个人店注册

　　（1）个人店上传信息。选择"Individual"，如图 8-11 所示，进入个人信息提供页（如图 8-12，护照和驾照二选一即可），选择驾照。

　　（2）填写相关信息。上传驾照之后，出现如图 8-13 展示的内容，按照要求填写即可。选择"Next"，出现图 8-14 所示的内容。根据提示，设置店铺名称、选择产品类目、输入手机号码，最后提交。提交之后，等待审核。

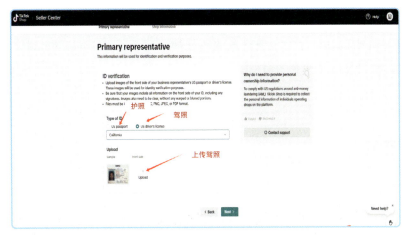

图8-12

图8-13

图8-14

小提示

社会安全号码（SSN）：社会安全号码为9位数数字，主要用来报税，任何和税务有关的活动包括工作交税、信用卡申请、房屋租住以及驾照申请都需要用到这个号码。

个人纳税识别号码（ITIN）:这是美国IRS（国税局）核发的一种用于处理税表的号码，主要针对那些没有美国社会安全号码且无法从社会安全局（SSA）取得社会安全号码，但是又有报税需求的外国人（非美国居民）。

2.个人独资企业店注册

（1）选择"Sole proprietorship"个人独资企业店注册，进入"Business details"界面，按照提示输入公司相关信息后再选择"Next"（见图8-15），进入图8-16所示界面。提交所有资料之后，等待审核。

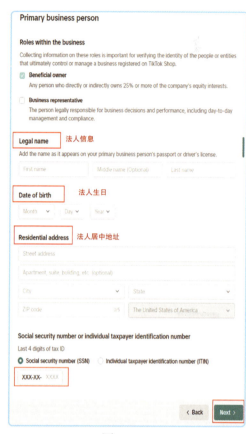

| 图8-15 | 图8-16 |

3.完善税务信息

（1）完善税务信息，如图 8-17 所示。

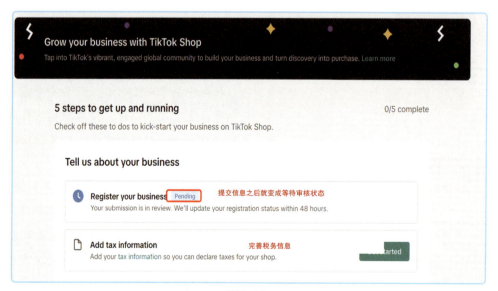

图8-17

（2）填写税务相关信息，如图 8-18 所示。

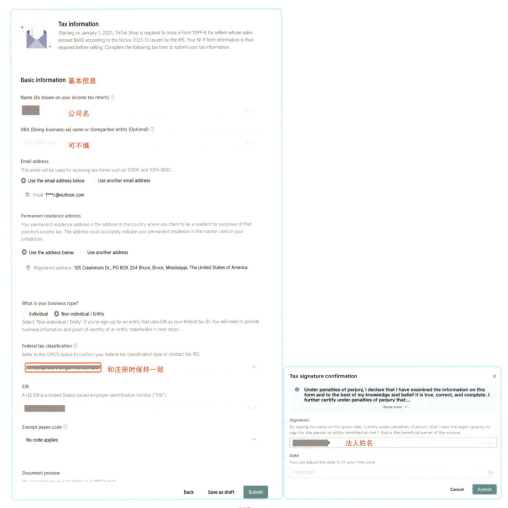

图8-18

（3）提交之前再次确认信息，提交后，注册店铺成功，如图 8-19 所示。

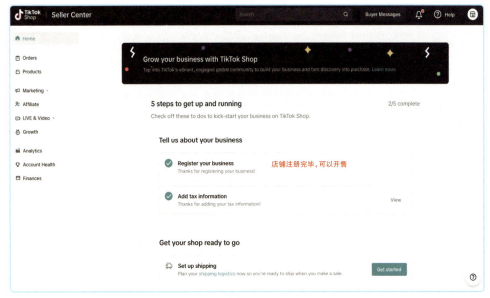

图8-19

小提示

"5 steps to get up and running"（启动和运行的 5 个步骤）包括：注册店铺→完善税务信息→物流发货设置→上传产品→连接官方达人账号。操作完成就可以开售了。物流发货设置、上传产品、链接官方达人账号没有先后顺序之分。

二、本土店的特殊浏览器

1.指纹浏览器的概念

指纹浏览器的原理是通过增加浏览器的访问记录和缓存数据，使网站认为浏览器是一个新用户，从而达到防关联的目的。

在实际应用中，代理服务器会接收用户请求，并将响应返回给用户。当浏览器访问某个网站时，防关联浏览器会在代理服务器上增加一个相同的请求，并将其返回网站。

指纹浏览器的技术手段包括随机化用户代理标识、阻止浏览器指纹识别、限制第三方跟踪器等。通过这些措施，可以有效保护用户的隐私，防止个人信息被滥用和泄露。同时，防关联浏览器也可以提供更好的用户体验，减少广告干扰和不必要的个性化推荐。

一般美国店铺使用站斧浏览器或者紫鸟浏览器等浏览器防关联，跨境店不需要。

2.以站斧浏览器为例

（1）注册一个站斧浏览器账号，登录进去，再新建店铺。如图 8-20 和图 8-21 所示。

图8-20   图8-21

（2）新建完店铺后需要绑定设备。点击"绑定设备"，如果已经购买设备就直接选择相应的设备。如果没有购买，就购买新的设备。如图 8-22 和图 8-23 所示。

图8-22

图8-23

3.设备的选择与绑定

购买设备如图 8-24 所示，购买成功之后，再绑定设备，绑定成功之后，选择"打开店铺"，进入店铺登录界面。

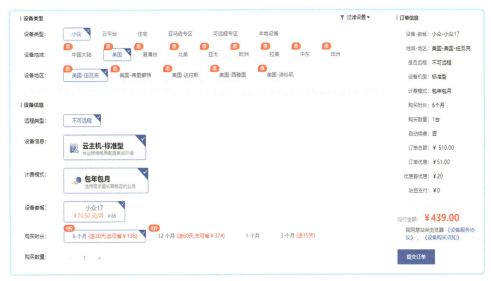

图8-24

4.登录店铺

在店铺登录界面，输入店铺账号和密码。如图 8-25 所示。

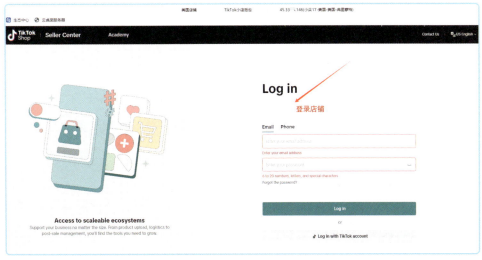

图8-25

 第九章 跨境店铺的基础设置

第一节　缴纳保证金

不论是美区跨境店还是东南亚跨境店，现在都需要缴纳保证金。本土店暂不需要缴纳。

自 2024 年 8 月 16 日起美区跨境店开始缴纳保证金，统一为 500 美元。

东南亚则是每个站点根据类目不同缴纳不同的保证金，现在大多数是 90 美元一个站点。例如，如果 5 个站点都缴纳的话就是 450 美元。

具体缴纳步骤如下：

（1）登录店铺后台，进入"商家中心"，选择准备缴纳保证金的店铺站点，如"越南"，再依次选择"资产""保证金""充值/提现""请输入验证码""下一步"。如图 9-1 所示。

图9-1

（2）单击"下一步"选项后，进入充值界面，在该界面选择合适的方式扫码充值。注意：缴纳保证金的时候一定要切换选择对应国家的站点。

第二节　绑定官方经营账号和渠道经营账号

一、绑定官方经营账号

店铺绑定 TikTok 账号之后，该 TikTok 账号就会成为该店铺的官方经营账号。官方经营账号会自动获得电商直播和视频的权限，因此该账号可以直接产生销量。同时此 TikTok 账号也可用于展示店铺的广告。此账号可以 0 粉绑定。

二、绑定渠道经营账号

店铺绑定 TikTok 账号之后，该账号成为店铺的渠道经营账号。在试用期内，店铺只能绑定 1 个渠道经营账号。绑定后，需要手动将上架商品同步到绑定的 TikTok 账号上。该账号产生的订单无须支付佣金。此账号必须拥有带货权限，即东南亚至少 1000 粉，美区至少 5000 粉。

三、绑定的要求

绑定的账号需要符合以下规定：

（1）TikTok 账号所有者必须年满 18 周岁。

（2）TikTok 账号状态正常。

（3）TikTok 账号所在地必须与店铺经营地一致。

（4）TikTok 账号未曾有过任何违规记录。

（5）TikTok App 必须是最新版本，选择合适的网络环境扫描二维码。如果是本土店，则电脑端需要外网，使用外网打开电脑端二维码后扫码绑定即可。

四、筛选 TikTok 账号

（1）新注册的 TikTok 账号都可以绑定店铺成为官方经营账号，但不是所有的账号都需要绑定，因为账号权重有高低之分，需要我们筛选账号来绑定店铺，并且店铺只能解绑 3 次，所以我们需要按照下面的流程图来筛选账号。

（2）在筛选账号的过程中，先要对账号的"三件套"——头像、用户名、简介进行设置，具体设置、注意事项和操作方式见第一篇相关内容。

（3）筛选账号的流程和关注点如图 9-2 所示。筛选好账号之后再进行绑定操作。

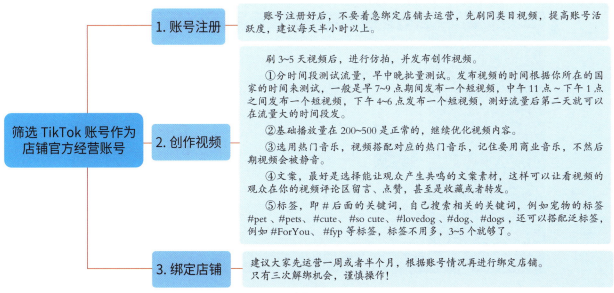

图9-2

五、绑定 TikTok 账号的具体步骤

（1）电脑登录 TikTok Shop 商家后台。

网站：https://seller.tiktokglobalshop.com

（2）绑定官方经营账号。

①登录店铺后台，依次选择"我的账号""绑定 TikTok 账号""官方经营账号""绑定官方经营账号"。如图 9–3 所示。

图9-3

②弹出"绑定官方经营账号"对话框（见图 9–4），此时打开手机上的 TikTok，点击右上角"☰"，打开"我的二维码"，选择"扫描二维码"，确认绑定。如图 9–5 至图 9–7 所示。

图9-4

图 9-5　　　　　　　　图 9-6　　　　　　　　图 9-7　　　　　　　　图 9-8

③授权绑定。在运行 TikTok 的手机上确认信息，点击"Authorize"，即绑定成功。如图 9-8 所示。

店 铺 主 账 号 实 名 认 证

　　现在账号提现都需要实名认证，一般绑定后成为店铺达人主账号的 TikTok 账号，很多人在对其进行实名认证的时候没有成功。这里需要注意：

　　一般我们会直接通过 TikTok 账号扫描店铺达人主账号的二维码来绑定。当这个账号没有进行实名认证时，店铺后台会提醒该账号没有进行实名认证，同时店铺后台也会发一条信息到手机 TikTok App 后端，见图 9-9 和图 9-10。我们只有通过图 9-10 这条消息点击进去，才能进入图 9-11 所示界面，再点进去，填写身份资料，这样实名认证比较容易成功。通过这种方式找到的实名认证窗口，一般不需要上传照片，而且基本秒过实名认证验证。

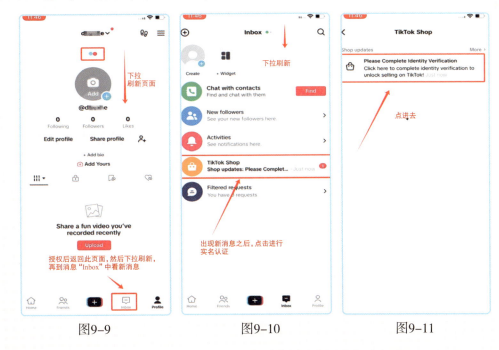

图9-9　　　　　　　　图9-10　　　　　　　　图9-11

（3）绑定渠道经营账号。依次选择"绑定 TikTok 账号""渠道经营账号"，弹出二维码后，用和绑定官方经营账号相同的方式绑定 TikTok 账号。如图 9-12 和图 9-13 所示。

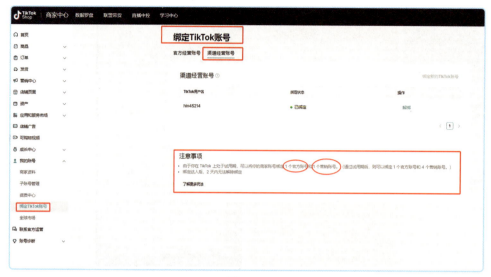

图9-12

图9-13

（1）渠道经营账号需要1000粉丝（东南亚）或者5000粉丝（美区），需要手动上架橱窗商品，可以0佣金给绑定的店铺带货。

（2）店铺若处于新店考察期，则只能绑定1个渠道账号；若处于非新店考察期可绑定至多4个渠道账号。

（3）绑定成功的24小时后才可操作解绑。

（4）180天内可绑定10次渠道账号，操作不可过于频繁。

（5）同一个账号不能同时绑定为同一店铺的官方账号和渠道账号。

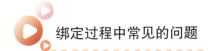 绑定过程中常见的问题

1.注意事项(以下内容可能会随着平台政策的变化而变化)

（1）每个店铺仅可绑定 1 个官方经营账号和 4 个渠道经营账号。不过，在店铺尚未通过"新手村"时，只能绑定 1 个官方经营账号和 1 个渠道经营账号。

（2）店铺中的商品将自动与官方经营账号实现同步。

（3）官方经营账号仅有 3 次解绑机会，一旦这 3 次机会全部用完，便无法再次进行解绑操作，所以在操作时务必谨慎！ 4 个渠道经营账号则有 10 次解绑机会，每次解绑 180 天后可重新进行绑定。

（4）店铺名称将自动设置为官方经营账号的昵称。

（5）若二维码一直无法刷新，可开启网络进行刷新操作。

（6）成功通过"新手村"的商家能够绑定 4 个渠道账号，当 10 次解绑机会用完之后，180 天后可再次进行绑定。

2.绑定失败可能的原因

（1）存在网络地址与经营国家/地区不相符的情况。解决办法为选用符合经营国家/地区要求的网络环境。

（2）TikTok 账号用户年龄未满 18 周岁。解决方式是查看 TikTok 的年龄设置，如果账号年龄设置为大于等于 18 岁，可以更换账号。

（3）店铺状态或者 TikTok 账号状态出现异常。解决措施是检查店铺情况以及查看 TikTok 站内信通知。

（4）TikTok 账号已经被绑定（一个 TikTok 账号只能被一个店铺绑定）。

3.扫码失败怎么办?

当我们绑定官方经营账号时出现提示"扫码失败，请刷新并重试"，怎么办？如图 9-14 所示。

图9-14

可能存在 4 种原因，首先自行检查一下。

（1）电脑没有处于适宜的网络环境之中，这会导致二维码无法更新。这种情况目前最为常见。请在电脑端使用适宜的网络环境。

（2）电脑已经连接了合适的网络环境，但二维码的有效期为 5 分钟，如果已经超时，请刷新后再次尝试。

（3）TikTok 并非最新版本，请将 TikTok 更新到最新版本。

（4）美区的 TikTok 账号未进行实名认证。需要注意的是，东南亚账号暂时无须进行认证。

第三节　设置发货仓库和退货仓库

设置仓库（发货仓+退货仓）真实的发货地址。注意：美区店铺无法添加国内发货仓，仅可从美国本土仓库发货；东南亚地区店铺可从中国国内发货。

一、设置发货仓库

登录店铺后端,点击"商家中心",依次选择"我的账号""商家资料""仓库地址""发货仓库""新增仓库",在弹出的对话框中填写相关信息,最后单击"保存"选项。如图 9–15 和图 9–16 所示。

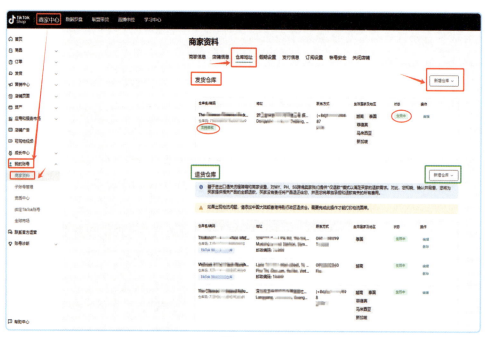

图9–15

图9–16

注意

生效中：意味着发货仓能够为当前店铺提供发货服务，店铺订单可按照正常流程发货。

审核中：这种情况下，可以拨打平台物流审核电话。

揽收暂未开通：这表明该仓库不在物流首公里揽收的范围之内，下单后的 48 小时内，商家需要自行发货至万色物流或与平台合作的其他物流。

对于美国跨境店而言，需要设置美国本土仓库为发货仓库，上传仓库合作合同，并且设置运费模板，如此才能使商品上传发布生效。

二、设置退货仓库

在设置发货仓库同一界面，依次选择"退货仓库""新增仓库"，在弹出的对话框中填写相关信息，最后单击"保存"选项。

注意

（1）退货仓库相关说明：

由于进出口通关流程存在阻碍，针对使用平台物流的跨境商家，平台提供"仅退款"模式来满足买家的退款需求。在此模式下，买家无须承担将产品退还给商家的责任，而商家需独自承担与退款相关的所有费用。

若商家设有海外退货仓库，则可不选择"仅退款"模式。

如果退货仓库的地址和发货仓库的地址相同，那么可以选择"与上述仓库地址相同"这一选项。

退货仓库方面，每个站点可支持设置 3 个退货仓库，其中内地和中国香港各设置 1 个；目标站点国家（仅针对拥有自己海外仓库的商家）可设置 1 个。

（2）退货相关说明：

当消费者提出退款请求时，如果订单处于物流揽收阶段且尚未通过海关，商家的货品能够被退回国内商家所设置的退货仓。若订单已经通过海关，那么仅支持退回目的地国家的仓库；若商家设有海外仓库，则可使货物进行二次销售；若没有海外仓库，官方将定期对这些退货商品予以销毁。

第四节　绑定结算账号

一、TikTok Shop 需要绑定结算账号的原因

1. 资金流转与管理的需求

（1）确保资金安全。在商业运营中，资金安全至关重要。TikTok Shop 绑定结算账号能够建立一个安全、可追溯的资金流转渠道。通过将店铺与特定的结算账号关联，平台可以对资金的流向进行精准监控，防止资金被盗用或出现异常的资金流动情况。例如，每一笔订单的收入和支出都能清晰地记录在绑定的结算账号中，一旦出现异常交易，平台可以及时发现并采取措施，保障商家的资金安全。

（2）实现资金高效流转。绑定结算账号有助于实现资金的高效流转。当顾客在 TikTok Shop 下单并完成支付后，平台需要将相应的款项结算给商家。通过绑定的结算账号，平台可以快速、准确地将资金转账到商家账号，减少中间环节的延误，提高资金的周转效率。这对于商家来说非常重要，尤其是那些需要及时回笼资金以维持运营、补货或者扩大生产规模的商家。

2. 商业合规性的要求

（1）符合财务监管规定。不同国家和地区都有各自的财务监管规定。TikTok Shop 作为一个全球性的电商平台，需要确保其商家的资金操作符合各地的法律法规。绑定结算账号便于平台按照相关规定进行财务记录和报告，如纳税申报等。例如，某些国家或地区要求电商平台能够准确提供商家的收入明细以便征收相应的税费，绑定结算账号能够方便平台满足相关要求，使商家在合规经营的道路上顺利前行。

（2）便于商业审计。对于平台自身以及商家来说，可能会面临商业审计的情况。绑定结算账号可以为审计提供清晰的资金往来记录。无论是平台对商家的运营审计，还是外部机构对平台的财务审计，都能通过结算账号的资金流水等信息，准确了解 TikTok Shop 的商业交易情况，确保商业活动的透明度和合规性。

3. 商家回款的重要方式

（1）稳定的回款渠道。对于商家来说，TikTok Shop 绑定结算账号是一种重要的回款方式。它提供了一个稳定、可依赖的资金回收途径。商家在平台上进行商品销售后，所获得的销售收入会通过这个绑定的结算账号进行回款。与其他可能存在风险或不确定性的回款方式相比，这种由平台直接结算到绑定账号的方式更加可靠，有助于商家规划资金的使用和运营预算。

（2）便于财务管理。绑定结算账号使得商家的财务管理更加清晰和便捷。商家可以通过查看结算账号的流水记录，清楚地了解在 TikTok Shop 上的销售回款情况，包括不同时间段的收入金额、订单数量与收入的对应关系等。这有助于商家进行财务分析，如计算利润率、评估销售策略的有效性等，从而更好地调整经营策略，提高商业运营的效率和效益。

（3）增强商业信誉。拥有一个正规的、与 TikTok Shop 绑定的结算账号，有助于增强商家的商业信誉。在与供应商、合作伙伴或者金融机构进行合作时，商家可以展示其在 TikTok Shop 上稳定的回款情况，这是其商业运营健康、稳定的一个重要体现。例如，当商家向银行申请贷款以扩大业务规

模时，其 TikTok Shop 的结算账号回款记录可以作为一个有力的财务证明，增加银行对商家的信任度，从而提高贷款获批的可能性。

二、绑定结算账号的操作步骤

在"商家中心"中依次选择"我的账号""商家资料""支付信息"，添加结算方式，图 9-17 所示是已经成功绑定的状态。

图9-17

结算账号有很多种，具体如图 9-18 所示。

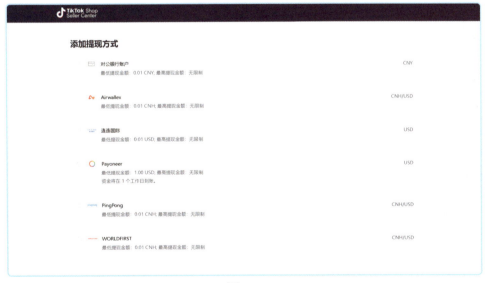

图9-18

结算账号可以选择对公银行账户，也可以选择下面的第三方回款方式。这里以 Payoneer 为例。我们需要先在 Payoneer 网站注册 Payoneer 账户，然后再在店铺后台绑定 Payoneer 账户。当成功绑定之后，就会出现结算账号信息。

Payoneer 收款或者公司公户收款。Payoneer 账户注册地址：

https://www.payoneer.com.cn/

1.确保 Payoneer 账户已注册成功

登录 Payoneer 账户。

检查步骤：在设置验证中心查看状态，一般 2~3 个工作日会审核成功，审核成功后会发邮件告知商家，请商家务必保证自己的资料完整。

2.绑定注册成功的 Payoneer 账户到店铺后台

绑定 Payoneer 账户的步骤："商家中心" → "我的账号" → "商家资料" → "支付信息" → "绑定结算账号"。

> **注意**
>
> 先填写注册 Payoneer 账户的邮箱。
>
> 在 Payoneer 界面，填写邮箱对应的账号密码，完成登录。
>
> 绑定成功后，该 Payoneer 账户就可以用于店铺订单结算。
>
> （1）注册第三方平台时，要验证是否注册成功，只有成功之后才能绑定店铺。
>
> （2）目前 Payoneer 账户注册主体暂不要求与店铺主体一致。
>
> （3）1 个 Payoneer 账户仅能绑定 1 个有营业执照的店铺主体，且 1 个有营业执照的店铺主体也仅能绑定 1 个 Payoneer 账户。
>
> （4）店铺不支持新增 Payoneer 账户绑定。
>
> （5）用多个执照注册的多个店铺，需要注册多个 Payoneer 账户分别绑定。
>
> （6）Payoneer 注册可选择个人或企业账户，前提是需要保证 Payoneer 账户主体与店铺绑定的营业执照法定代表人一致。

第五节 设置 IM 客服

一、TikTok Shop 设置 IM 客服的作用

1.提升客户服务质量

实时答疑解惑。消费者购物时会有各类问题，如询问产品功能、尺码等。IM 客服能实时解答，让消费者购买前更了解产品，促进下单。例如，解答衣服材质和洗涤方式的疑问。

及时处理售后。消费者购买后如遇到质量、物流等问题，IM 客服可迅速响应处理，提高满意度，维护品牌形象。

2.增强客户购物体验

提供个性化服务。IM 客服可根据客户需求和偏好提供个性化的购物建议。了解客户兴趣爱好后推荐合适产品，提高客户忠诚度。

增加互动性。IM 客服让客户与商家互动更便捷高效，客户能随时交流分享，商家可以及时回复，增强客户参与感和提高复购率。

3.提高店铺运营效率

订单管理。IM 客服能及时掌握订单状态，处理修改、取消等需求，提醒订单进展，提高完成率。

收集反馈。客服与客户沟通时可收集对产品、服务等的反馈，商家据此改进，提升运营水平。

4.促进销售增长

提高转化率。IM 客服及时解答疑问、提供个性化服务能增强客户购买信心，提高店铺转化率。

增加复购率。优质服务能让客户产生好感与信任，增加复购率。

5.满足商家绩效要求

商家绩效指标：IM 客服 24 小时响应率是商家绩效指标之一。设置售前沟通和售后服务的 IM 系统，有助于商家及时关注买家反馈，确保在 24 小时内对买家的咨询做出响应。这不仅能提升买家的购物体验，还对商家在 TikTok Shop 平台上的整体绩效评估有着重要意义。

二、设置 IM 客服的操作步骤

在店铺后台的"商家中心"首页，选择右上角"💬"图标。不同国家应分别设置。如图 9-19 和图 9-20 所示。

图9-19

图9-20

这里给大家提供一些基本话术，在使用时翻译成当地语言即可。

 **基本话术**

一、欢迎话术

1.初次欢迎

　　"您好，欢迎光临我们的 TikTok Shop！我是您的专属客服小助手。有任何关于我们产品的问题，比如产品详情、下单流程、物流信息等，都可以随时问我哟。"

2.活动期间欢迎

　　"欢迎来到 TikTok Shop！恰逢我们的 [活动名称] 活动期间，您可以享受到超值的折扣和惊喜优惠哟。如果您有任何疑问，尽管告诉我。"

二、常见问题回答话术

1.产品相关

　　产品信息查询

　　　　顾客："这个 [产品名称] 有什么功能啊？"

　　　　客服："亲，这款 [产品名称] 具有 [主要功能1]、[主要功能2] 等功能。例如，[某个功能的使用场景或优势]，非常适合 [目标用户群体] 使用呢。"

　　产品尺寸／规格

　　　　顾客："这个衣服的尺码标准吗？"

　　　　客服："亲，我们的衣服尺码是按照 [标准尺码体系，如国际标准尺码] 来制定的。您可以参考我们的尺码表。如果您平时穿 [具体尺码]，一般按照这个尺码选择就可以了，但如果您有特殊的身材比例或者偏好宽松（紧身）的风格，也可以告诉我，我来给您更精准的建议。"

2.订单相关

　　下单流程

　　　　顾客："我怎么下单啊？"

　　　　客服："下单很简单呢，亲。首先您在商品页面点击 'Add to Cart'（加入购物车），然后进入购物车选择您要购买的商品，确认无误后点击 'Checkout'（结算）。接下来填写您的收货地址、联系方式等必要信息，最后选择您的支付方式就可以了。如果您在下单过程中遇到任何问题，随时告诉我哟。"

　　订单状态查询

　　　　顾客："我的订单到哪里了？"

　　　　客服："亲，您可以在 'My Orders'（我的订单）界面查看您订单的详细状态。如果您下单不久，订单可能处于 'Processing'（处理中）状态，这意味着我们正在准备发货。一旦发货，您会看到物流信息更新，包括快递单号等，这样您就可以跟踪包裹的行程啦。"

三、物流相关话术

1.物流时间

　　　　顾客："这个商品多久能送到？"

　　　　客服："亲，我们的物流时间取决于您的收货地址和选择的物流方式。一般来说，[标准物流方式] 大约需要 [×] 个工作日到达，[快速物流方式] 可能会在 [×] 个工作日内送达。不过，请注意这只是一个大致的时间范围，实际的送达时间可能会受到天气、海关（如果涉及跨境）等因素的影响。"

2. 物流查询

顾客："我怎么查物流？"

客服："亲，当您的订单发货后，您会收到包含物流单号的通知。您可以在我们的订单详情页点击物流单号链接，或者到 [物流公司官网名称] 输入物流单号进行查询哟。"

四、售后相关话术

1. 退换货政策

顾客："如果我不喜欢这个产品，可以退吗？"

客服："亲，我们是支持退换货的。如果您在收到商品后的 [× 天] 内，发现商品存在质量问题或者您只是单纯不喜欢，只要商品保持原始状态（未使用、未损坏、标签完整等），您可以联系我们申请退换货。我们会尽快为您处理的。"

2. 退款流程

顾客："我要怎么申请退款？"

客服："亲，如果您需要申请退款，可以在'My Orders'（我的订单）界面找到您要退款的订单，然后点击'Request Refund'（申请退款）按钮。按照系统提示填写退款原因等必要信息就可以了。我们会在收到申请后尽快审核并处理您的退款请求。"

五、处理不明确问题的话术

顾客："这个东西好不好？"

客服："亲，这个产品有很多优点呢。它的 [产品优势]，很多顾客购买后反馈都很不错。不过具体好不好还取决于您的个人需求和喜好。您可以告诉我您更多的想法，比如您打算在什么场景下使用这个产品，这样我能给您更准确的建议。"

六、结束语话术

1. 正常结束

"感谢您的咨询，如果您还有任何问题，欢迎随时回来找我。祝您生活愉快！"

2. 售后跟进结束

"亲，我们会尽快处理您的 [售后事项，如退款、换货]，处理过程中如果有任何新的情况，我们会及时通知您。感谢您的耐心等待，祝您一切顺利！"

> **注意**
>
> （1）所有的话术要翻译成当地语言。
> （2）跨境店有个"仅退款"选项。

 **第十章**

东南亚跨境小店发布产品

第一节 TikTok Shop 跨境商家上传商品

一、单个商品上架

商品上传地址：

https://seller.tiktokglobalshop.com/homepage

在店铺首页，选择"商品"，再选择"添加全球商品"（若只有一个国家的店铺，则全球商品就是店铺商品；若为全球店铺，则全球商品发布在哪个国家即为哪个国家的商品）。如图 10-1 所示。

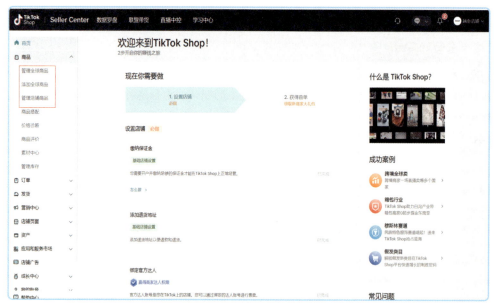

图10-1

完善商品信息

（1）商品名称：不含违禁词和营销词，25 ≤字符数≤ 255。

（2）类目：系统会根据标题推荐类目，可自行检查类目是否属实，选择正确类目即可。

（3）商品属性：除品牌外，其他属性均选填，如实填写即可。若店铺名或详情页内出现品牌名或品牌 logo 等内容，请提供品牌授权，否则将被视为山寨产品，会受到平台处罚；无则填写"无品牌"。

（4）商品详情：商品图片＋白底图＋商品描述（图／文／图文）＋尺码表（特定类目需要）＋视频（选填）。

（5）物流：商品尺寸与商品实际大小影响运费和计重，请按实际情况填写。

（6）销售信息：销售属性（分颜色与尺寸，根据自己的商品属性填写即可）＋识别码。

二、批量商品上传（仅支持同一类目批量上传）

依次点击"商品""管理全球商品""批量工具""批量添加全球商品"。如图 10-2 所示。

图10-2

批量添加步骤

①下载模板，如图 10-3 所示。

②选择所需的类目模板表格（如有多个类目，需要多次重复操作此流程）。

③填写模板表格。

将模板表格上传至店铺后台（依次点击"管理全球商品""批量发布商品"），选择保存的表格即可，上传成功后发布至对应国家站点后即可售卖。发布过程中需注意品牌资质，保证无违规产品。

图10-3

三、ERP 系统上品

1. 选择合适的 ERP 系统

（1）功能匹配。首先要根据 TikTok Shop 的业务需求选择合适的 ERP（Enterprise Resource Planning，企业资源规划）系统。需要考虑的功能包括产品信息管理（如能处理多种语言的产品描述等）、库存管理（支持多仓库管理且能与 TikTok Shop 库存实时同步）、订单管理（能够接收和处理 TikTok Shop 订单）等。如果商家的产品面向多个国家和地区，就需要 ERP 系统具备强大的多语言处理能力，以准确呈现产品信息。

（2）兼容性。确保 ERP 系统与 TikTok Shop 平台兼容。这包括技术接口的兼容性，能够顺利与 TikTok Shop 的 API（Application Programming Interface，应用程序编程接口）进行对接，实现数据的传输和交互。同时，也要考虑系统的运行环境，如是否支持商家使用的操作系统、网络环境等。

2.ERP 系统与 TikTok Shop 的对接操作

（1）获取 API 权限（即授权关系）。商家需要向 TikTok Shop 申请 API 权限。这一过程通常需要提供商家的相关信息，如店铺名称、营业执照等，以证明商家的合法身份和经营资格。TikTok Shop 会对商家进行审核，审核通过后授予 API 使用权限。

（2）配置 ERP 系统对接参数。在获得 API 权限后，根据 TikTok Shop 提供的对接文档，在 ERP 系统中配置相关的对接参数。这包括设置店铺的基本信息（如店铺 ID、区域等）、数据传输的加密方式、接口调用的频率限制等。例如，设置合理的接口调用频率，避免因频繁调用而被 TikTok Shop 限制访问。

　　市面上 ERP 系统很多，在绑定 TikTok Shop 和 ERP 系统时，绝大多数 ERP 系统上都讲解了具体操作步骤，按照指引操作即可。

3.产品信息准备

（1）收集产品数据。从内部系统（如库存管理系统、产品数据库）或者供应商处收集产品数据。这些数据包括产品名称、描述、价格、SKU（Stock Keeping Unit，库存保有单位）、图片、视频等。确保产品数据的准确性和完整性，特别是对于跨境销售，要注意不同国家和地区对产品标识、说明等的要求。

（2）编辑整理产品信息。按照 TikTok Shop 的要求对产品信息进行整理。例如，将产品描述翻译成目标市场的语言，调整图片尺寸和格式以符合平台规范。同时，要对产品进行分类，以便在 TikTok Shop 上进行有效的展示。

4.在 ERP 系统中可以创建和上传产品

（1）创建产品模板。在 ERP 系统中根据 TikTok Shop 的产品模板创建产品信息。这包括填写产品的基本信息、属性、变体（如果有）等。例如，服装类产品要填写颜色、尺码等变体信息。

（2）上传产品图片和视频。将准备好的产品图片和视频上传到 ERP 系统中对应的产品信息中，确保图片和视频质量较高，能够吸引消费者的注意力。同时，要遵循 TikTok Shop 关于图片和视频的版权、内容规范等要求。

（3）设置价格和库存。在 ERP 系统中设置产品的价格和库存数量。对于价格，要考虑成本、市场竞争、利润空间等因素；对于库存，要确保 ERP 系统中的库存数量与实际库存一致，并且能够实时更新，以避免超售现象。

5.审核和发布产品

（1）内部审核。在 ERP 系统中对创建好的产品进行内部审核。这一过程可以由专门的团队或人员负责，主要审核产品信息是否完整、准确，是否符合 TikTok Shop 的规定。例如，检查产品描述中是否存在违规词、图片是否清晰等。

（2）发布到 TikTok Shop。经过内部审核无误后，通过 ERP 系统将产品发布到 TikTok Shop。在发布过程中，ERP 系统会将产品信息按照之前配置的对接参数传输到 TikTok Shop 平台，在平台上创建相应的产品界面，上传到商城，供消费者浏览。

第二节　影响商品定价的因素

在给商品定价的时候，我们要学会核算成本、分析市场的需求、参考竞争对手定价，同时还要考虑到自己的利润空间以及运营之后会进行的活动策划定价等。

一、核算成本

1.采购成本

明确商品的采购成本，这是定价的基础。采购成本包括从供应商处购买商品的价格、运输到本地仓库（如果有）的费用等。对于跨境商家来说，汇率波动可能会影响采购成本，需要密切关注汇率变化。例如，如果以美元采购商品，而汇率不稳定、本国货币贬值时，采购成本就会相对增加。

2.运输和仓储成本

（1）运输成本：考虑将商品从产地运输到 TikTok Shop 仓库或者直接运输给客户的费用。这包括国际运费、国内运费（如果涉及二次运输）以及可能的关税和其他税费等。不同的运输方式（如空运、海运、陆运）成本差异较大，如空运速度快但费用高，海运费用低但运输时间长。

（2）仓储成本：如果使用仓库存储商品，要计算仓储费用。仓储成本包括仓库租金、库存管理费用、货物保管和维护费用等。仓储时间的长短也会影响成本，如长期储存可能需要额外的保管措施，从而增加成本。

3.平台费用

TikTok Shop 会收取一定的平台费用，如交易手续费、平台佣金等。商家需要了解这些费用的计算方式，并将其纳入成本核算。例如，平台可能按照交易金额的一定比例收取手续费，商家在定价时要确保商品价格能够覆盖这部分费用，同时保证有足够的利润空间。

二、市场需求和竞争分析

1.目标市场需求

不同国家和地区的消费者对价格的敏感度不同，对商品价值的认知也存在差异。例如，在一些发展中国家，价格低廉的商品可能更受欢迎；而在发达国家，消费者可能更注重商品的品质和品牌，对价格的敏感度相对较低。了解目标市场的消费能力、购买习惯和偏好，有助于制定合理的价格策略。

2.竞争对手的定价

分析竞争对手的定价是定价过程中要考虑的重要环节，要查看同类型商品在 TikTok Shop 以及其他竞争平台上的价格范围。如果价格过高，可能会失去竞争力；价格过低，可能会影响利润甚至导致亏损。例如，发现竞争对手以较低价格销售类似商品时，需要分析其成本结构或者产品差异，然后决定是通过降低成本来降低价格，还是强调自身产品的差异化优势来维持较高价格。

三、利润目标设定

1.短期和长期利润目标

商家需要明确短期和长期的利润目标。短期利润目标可能侧重于快速回笼资金、覆盖成本和获取一定的利润以维持运营。长期利润目标则可能与品牌建设、市场份额扩大等战略相关。例如，在产品推广初期，为了吸引更多客户和提高市场占有率，可以设定较低的利润目标，采用薄利多销的策略；而在品牌建立起来后，可以逐步提高价格以获取更高的利润。

2.利润率计算

根据成本和利润目标计算合理的利润率。利润率应该考虑到各种风险因素，如市场波动、竞争加剧等。例如，一般商品的利润率可能在 20%~50% 之间，但对于高风险或者竞争激烈的商品，可能需要适当降低利润率以保持竞争力。

四、价格调整策略

1.动态定价

根据市场变化、销售季节、促销活动等因素采用动态定价策略。例如，在销售旺季或者特殊节日，可以适当提高价格；而在销售淡季，可以降低价格以刺激消费。同时，关注竞争对手的价格变动，及时做出反应。如果竞争对手降低价格，需要评估是否跟进降价或者通过其他方式（如增加附加值、改善服务）来保持竞争力。

2.折扣和促销定价

计划好折扣和促销活动的定价。在 TikTok Shop 上，经常会有各种促销活动，如限时折扣、满减、买一送一等。商家需提前计算好促销活动的成本和预期收益，确保在促销期间仍能够盈利或者达到特定的营销目标。例如，在进行买一送一活动时，要确保 2 件商品的总成本加上适当的利润能够被 1 件商品的价格所覆盖。

3.价格的心理影响

（1）价格尾数效应。利用价格尾数效应来影响消费者的购买决策。例如，将商品价格定为 9.99 美元而不是 10 美元，虽然只差一分钱，但在消费者心理上会觉得前者更便宜，从而吸引更多消费者购买商品。

（2）价格层级设置。设置不同价格层级的商品组合，以满足不同消费层次的需求。例如，推出基础款、进阶款和豪华款商品，分别设定不同的价格，让消费者根据自己的需求和预算进行选择。这样可以扩大市场覆盖面，同时提高整体销售额。

 **TikTok Shop 跨境商家发货流程**

第一节　了解东南亚跨境店的时效性

1.发货时效要求

发货时效这里列举两种，如表 11-1 所示。

表11-1　发货时效情况

运输类型	模式	商家要求	注释
TikTok 发货	上门揽收（Pick-up）	商家应在顾客下单后 48 小时内完成包裹打包，并在商家中心将订单状态修改为"准备发货"，确保所有订单包裹被物流商成功揽收。	商家必须确保物流服务商成功揽收所有订单，如果订单下单后 48 小时内没有被物流服务商成功揽收，TikTok Shop 将认为商家延迟履约。如果由于物流服务商的延误而导致订单未能在 48 小时内揽收，TikTok Shop 将不认为商家延迟履约。
	快递自寄（Drop-off）	商家应在下单后 48 小时内完成包裹打包，并在商家中心将订单状态修改为"准备发货"，订单状态一经更新，卖方必须在 24 小时内完成所有包裹自寄至指定投递点。	商家应确保在下单后 120 小时内订单状态变为"已发货"。如果商家已成功自寄包裹，但订单状态在下单后 120 小时内未更新为"已发货"，则商家可通过选择"投诉""物流服务商"工单向平台的客户服务团队发起咨询。

2.全球运输服务标准

全球运输服务标准目前一共有全球标准运输服务和全球经济运输服务 2 种，后续有可能会根据平台的变化而有所改变，具体以官方通知为准。

（1）全球标准运输服务详情如表 11-2 所示。

表11-2　全球标准运输服务详情

产品名称	全球标准运输服务（Global standard shipping）
开通国家	泰国、马来西亚、菲律宾、新加坡
参考时效	泰国 4~15 个自然日，马来西亚 5~15 个自然日，菲律宾 5~15 个自然日，新加坡 5~8 个自然日
货件尺寸及重量限制	最小尺寸限制：10cm×15 cm 大尺寸及重量限制： 泰国陆运：最长单边不超过 220 cm，三边长不超过 660 cm；最大重量不超过 100 kg 马来西亚：三边最长分别为 100 cm、70 cm、70 cm；最大重量不超过 30 kg 菲律宾：长 ≤ 300 cm，宽 ≤ 120 cm，高 ≤ 100 cm；最大重量不超过 80 kg 新加坡：三边最长分别为 110cm、70cm、70cm；最大重量不超过 30 kg

（续表）

产品名称	全球标准运输服务（Global standard shipping）
计费重量	以 10 g 为单位，以包裹实际重量计算
走货属性	普货、内置电池（单个包裹不超过 2 节电池，电池总容量不超过 100 Wh） [不接受纯电（纯电池）、配套电池、移动电源（充电宝等）、枪支弹药等违禁品] 泰国：移动电源（充电宝等）可以特殊申请
申报金额	泰国：低于 24000 泰铢；越南：低于 1000000 越南盾；菲律宾：无限制；新加坡：400 新元； 马来西亚：3750 林吉特

（2）全球经济运输服务详情如表 11-3 所示。

表11-3 全球经济运输服务详情

产品名称	全球经济运输服务（Global economy shipping）
开通国家	越南
参考时效	越南 6~11 个自然日
货件尺寸 及 重量限制	最小尺寸限制：10 cm×15 cm 最大尺寸及重量限制： 越南：三边和不超过 300 cm，单边不超过 100 cm；最大重量不超过 30 kg
计费重量	以 10 g 为单位，以包裹实际重量计算
走货属性	普货、内置电池（单个包裹不超过 2 节电池，电池总容量不超过 100 Wh） [不接受纯电（纯电池）、枪支弹药等违禁品；配套电池、移动电源需特殊申请]
申报金额	越南：低于 1000000 越南盾

（3）本地标准运输服务详情（海外仓库），如表 11-4 所示。

表11-4 本地标准运输服务详情

产品名称	本地标准运输服务（Local standard shipping）
开通国家	泰国、马来西亚、菲律宾、越南、新加坡
参考时效	泰国 2~5 个自然日，马来西亚 3~5 个自然日，菲律宾 3~7 个自然日，越南 3~5 个自然日， 新加坡 2~5 个自然日
货件尺寸 及 重量限制	泰国：单边不超过 100 cm，三边和不超过 150 cm；最大重量不超过 50 kg 菲律宾：单边不超过 150 cm，三边和不超过 240 cm；最大重量不超过 50 kg（液体如果 放在包装袋，要在 300ml 以内，超过体积需要装箱且规范包装） 马来西亚：单边不超过 200 cm，三边和不超过 350 cm；最大重量不超过 100 kg 越南：单边不超过 140 cm，三边和不超过 240 cm；最大重量不超过 70 kg 新加坡：单边不超过 150 cm，三边和不超过 300 cm；最大重量不超过 30 kg
计费重量	以包裹实际重量阶梯计算
走货属性	严禁运输武器、放射性元素及容器、毒品、医学品、毒害品、国家保护的野生动物和珍 稀野生动物等，具体的可以看"东南亚海外仓发包裹禁寄品清单（快递）"

违 禁 品 清 单

1. 枪支、弹药

枪支（含仿制品、主要零部件）：如手枪、步枪、冲锋枪、防暴枪、气枪、猎枪、运动枪、麻醉注射枪、钢珠枪、催泪枪等。

弹药（含仿制品）：如子弹、炸弹、手榴弹、火箭弹、照明弹、燃烧弹、烟幕（雾）弹、信号弹、催泪弹、毒气弹、地雷、手雷、炮弹、火药等。

2. 管制器具、攻击性武器

管制刀具：如匕首、三棱刮刀、带有自锁装置的弹簧刀（跳刀）及其他相类似的单刃刀、双刃刀、三棱尖刀、蝴蝶刀、弹簧刀、折叠刀、军用刀、武士刀等管制刀具。

其他：如弩、催泪器、催泪枪、电击器、铁莲花、警棍、电棍、伸缩棍、指虎、双节棍等。

3. 易燃易爆物品

爆破器材：如炸药、雷管、导火索、导爆索、爆破剂等。

烟花爆竹：如烟花、鞭炮、摔炮、拉炮、砸炮、彩药弹及黑火药、烟火药、发令纸、引火线等。

易燃固体：如硫黄、蜡烛等。

易燃液体：如汽油、煤油、油漆、花露水、香水、指甲油、啫喱膏、驱蚊水、杀虫剂、酒精、香蕉水、松节油等。

自燃物品：如黄磷、油纸、油布及其制品等。

遇水燃烧物品：如金属钠、铝粉等。

腐蚀性物品：如盐酸、硝酸、双氧水等。

易爆品：如雷管、炸药、导火索、锂电池等。

其他：如打火石、镁棒、打火机、活性炭、发射药、硝化棉、电点火头等。

4. 压缩和液化气体及其容器

易燃气体：如氢气、甲烷、乙烷、丁烷、天然气、液化石油气、乙烯、丙烯、乙炔等。

有毒气体：如一氧化碳、一氧化氮、氯气等。

易爆或者窒息、助燃气体：如压缩氧气、氮气、氦气、氖气、气雾剂等。

含压缩及液化气体的容器：如喷雾剂、摩丝、压缩气罐等。

5. 植物及植物制品

花、水果、蔬菜、种子、植物标本、松果等。

6. 动物及动物制品

贝壳、螃蟹、动物标本、毛皮等。

7. 任何药品

麻醉药、药膏、足贴等。

8. 任何食品

肉类、饮料、咖啡、水果、零食、茶叶等。

9. 液体、粉末及类似制品

化妆品：只接受以下化妆品品类的承运，除下表列出的品类以外的货品均不支持运输。

走货属性和包装要求：只接受化妆品类液体、粉末和膏状产品及绘画颜料、染料粉、口腔清洁剂、墨水等；不接受其他任何类型的液体、粉末类产品，所有含酒精的液体不收。

化妆品类液体：精油、乳液、面膜、眼膜、眼线液、妆前精华液、美瞳、爽肤水/卸妆水（含酒精不收）等。

化妆品类膏体：洗面奶、睫毛膏、面霜、眼霜、遮瑕膏、芦荟胶、BB霜、粉底液、妆前乳、洗发水、沐浴露、身体乳、护发素、发膜、唇彩、唇釉、防晒霜（乳液可走、喷雾状不收）等。

化妆品类粉末：口红、唇膏、眼线笔、眉笔、眉粉、眼影、散粉、粉饼、高光粉、腮红、香皂等。

液体可发空运标准：包裹单件毫升数 ≤ 100 ml、整体件毫升数 ≤ 500ml；毫升数以服务商测量的商品实际含量为准；包裹单件毫升数 > 100 ml、整体件毫升数 > 500 ml 适用海陆运；所有液体、膏状类及易碎类产品需用纸盒包装且用填充物填充，避免在操作转运环节导致液体或膏体泄漏影响运输。特别说明，指甲油不收，因为含酒精，属于易燃易爆品。

日用品：洗洁精、洗衣粉、洗衣液、牙膏等其他液态和粉末态的日用品。

10. 纯电池及移动电源

只可发内置电池（单个包裹不超过 2 节电池、电池总容量不超过 100Wh）、不接受纯电（纯电池）、配套电池及任何形式的移动电源。

11. 非法伪造物品

伪造或者变造的货币、证件、公章等。

12. 侵犯知识产权和假冒伪劣物品

侵犯知识产权：如侵犯专利权、商标权、著作权的图书、音像制品等，侵权包括外观侵权及商标侵权。

假冒伪劣：如假冒伪劣的食品、药品、儿童用品、电子产品、化妆品、纺织品等。

13. 毒性物质

砷、砒霜、汞化物、铊化物、氰化物、硒粉、苯酚、汞、剧毒农药等。

14. 腐蚀性物质

硫酸、硝酸、盐酸、蓄电池、氢氧化钠、氢氧化钾等。

15. 毒品及吸毒工具

毒品、麻醉药品和精神药品：如鸦片（包括罂粟壳、花、苞、叶等）、吗啡、海洛因、可卡因、大麻、甲基苯丙胺（冰毒）、氯胺酮、甲卡西酮、苯丙胺、安钠咖等。

易制毒化学品：如胡椒醛、黄樟素、黄樟油、麻黄素、伪麻黄素、羟亚胺、邻酮、苯乙酸、溴代苯丙酮、醋酸酐、甲苯、丙酮等。

吸毒工具：如冰壶等。

16. 非法出版物、印刷品及音像制品

含有反动，煽动民族仇恨，破坏国家统一，破坏社会稳定，宣扬邪教、宗教极端思想、淫秽等内容的图书、刊物、图片、照片、音像制品等。

17. 间谍专用器材

暗藏式窃听器材、窃照器材，突发式收发报机，一次性密码本、密写工具，用于获取情报的电子监听和接收器材等。

18. 医疗/防疫物资

目前所有的相关液体、流质产品均不接收，所有防护服、呼吸机、监护仪、医用消毒巾、消毒剂等防疫物资所有专线禁止收寄。

不接受额温枪，医用手套、鞋套，所有护目镜，电子体温计等医疗物资。

第二节　店铺发货操作指南

一、订单履约全过程

在顾客完成下单操作以后，商家需要选择物流服务、打包包裹、粘贴面单并把包裹交接给物流商，物流商将包裹送达买家，这个流程就叫作订单履约。一般情况下，订单履约流程包括以下几个环节。

1. 下单环节

客户在商家平台上完成商品选择并提交订单，确定购买意向。此环节需确保订单信息准确无误，包括商品名称、数量、规格、收货地址等。

2.待发货操作

商家需要在买家付款后的 48 小时内完成包裹打包和发运，并确保自寄包裹在 72 小时内被送至指定仓库，24 小时内交服务商揽收，否则将会影响商家的包裹时效。商家后台操作步骤如下：

（1）商家可以在后台管理自己的订单，进行"待发货"操作。依次选择"订单""订单管理""待发货"，选择"安排发货"。如图 11-1 所示。

图11-1

（2）选择"安排发货"后，弹出"确定设置为'待揽收'？"界面，确认"待揽收"，订单状态变成"待揽收"。

（3）确认"待揽收"。

揽收服务订购流程

（1）揽收地址将从商家在 TikTok Shop Seller Center 所维护的揽收联系人、电话、地址信息中获取。

（2）商家可自行检查该地址是否处于平台首公里揽收覆盖范围之内，同时要确保联系人与电话填写正确。若地址在揽收范围内，则会自动发起揽收服务订阅申请；若不在揽收范围内，则会被忽略。审核通过之后，揽收服务即刻生效。

（3）揽收商收到信息后，将于当日完成对地址信息的审核。

① 对于处于揽收覆盖范围内的商家，揽收商将线下联系商家，沟通每日揽收时间和揽收细节，商家可在后台查询揽收服务的开通状态。

②若超过 24 小时仍未完成揽收服务审核，建议商家查看电话信息是否正确，并主动联系服务商进行确认。

3.打包包裹

商家在后台完成"待发货"操作以后，商家仓库人员需根据订单信息，对商品进行拣选和核对，确保商品信息与订单一致。同时按照平台的包装要求采用合适的包装材料对商品进行包装，以确保商品在运输过程中不被损坏。

国际快递会计算包裹的体积重，一旦体积重超出包裹实际重量，就会按照体积重计费，这将导致物流成本上升。而且，包裹的泡比过大时，会占用较多的空运仓位，在一定程度上造成仓位浪费并带来航班落货风险。所以，建议商家在打包包裹时，尽量减小包裹的包装体积，以更小的体积寄送货物。

4.打印及粘贴标签

商家在打包完包裹后，可切换到"待发货"界面，选择待发运的包裹，选择"打印快递面单"操作来打印包裹面单并把打印好的物流面单（见图11-2）准确地粘贴在包裹表面的指定位置。

（1）店铺后台具体位置。依次选择"订单""订单管理""待发货""待揽收""打印快递面单"。

（2）面单模板。平台提供的是 100 mm × 150 mm 的面单格式，需要商家准备好相应的热敏打印机及热敏纸。

（3）面单粘贴规范。为杜绝在末端派送时出现被偷盗情况，面单粘贴时可把握以下原则。

①针对 PE 袋类包裹，将面单贴在封口处。

②针对纸箱类包裹，面单粘贴时要覆盖两个面。

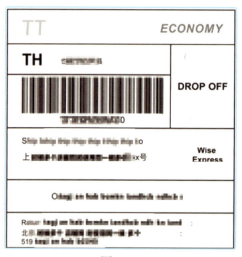

图11-2

5.已发货

商家按照打印出来的包裹面单联系物流商，因为 TikTok Shop 物流商基本上是确定的，而且第一次出单打印会有物流商相关信息，我们可以据此联系方式联系物流商，然后等待上门揽件或者自发货到分拨中心。

只要包裹在分拨仓入库，此订单会自动移到"已发货"页签下。

1.收货地址(商家发货时打印的面单中也会体现收货地址信息)

上海、义乌、东莞和泉州的分拨中心（分拨中心后续可能会增加，具体以官方公告为准）均保持同步运营，国内商家可依据自身情况，选择距离较近的分拨中心投递包裹。为节省运费，自行邮寄包裹的商家可以把小包裹用麻袋汇总成一个大包后再统一寄给万色。为便于万色仓库的操作人员及时区分出 TikTok Shop 的包裹，建议商家在大麻袋上张贴"TikTok"或者"TT"标识。

2.揽收覆盖范围

（1）针对所有"非揽收"商家

①当前自寄／自送地址有5个。为了防止自寄串仓，影响商家履约时效，商家寄送包裹时，每次务必关注面单的收货地址，按照正确的收货仓库地址自寄／自送。如表11-5所示。

表11-5　5个自寄/自送地址情况

服务商	仓库	仓库地址	自寄辐射范围
TT	TT东莞自建分拨中心	广东省东莞市洪梅镇望沙路115号易商物流园	广东全境，除去佛山市、深圳坪山区、深圳盐田区外 贵州、北京、河北、河南、湖北、湖南、吉林、辽宁、陕西、山东、山西、黑龙江、云南、四川、重庆、山西、甘肃、宁夏、西藏自治区、新疆维吾尔自治区
万色	上海分拨中心	上海市宝山区共悦路419号	上海、浙江、江苏、安徽
	义乌分拨中心	义乌市富通大道与祥瑞路交叉口义乌圆通妈妈商贸二号仓库二楼C单元	浙江—金华、浙江—温州、浙江—台州
	泉州分拨中心	泉州市晋江市磁灶镇张林东环路999号豪川运派物流园C区	福建全境
	东莞分拨中心	广东省东莞市黄江镇田星路39号巨卓产业园	广东—佛山、广东—深圳龙岗区、广东—深圳坪山区、广东—深圳盐田区

②第三方服务商集货点。为了更好地服务商家，服务商在部分地区也设立了集货点，该服务主要适用于现有免费揽收范围无法覆盖的区域或单量暂不满足免费揽收要求、平时自寄／自送到分拨仓的商家。商家可根据需要将包裹自行就近送到集货点（不可通过快递寄运至集货点），集货点为商家提供从集货点送货至平台分拨仓的服务，发货便利、时效快。

（2）针对所有"揽收"商家

①揽收商会按照商家后台维护的联系人信息联系相应的商家，沟通揽收时间、揽收货量等细节，并在约定时间内进行上门揽收。

商家点击"安排发货"的时间在当日14：00前的订单，最晚应揽收时间为当天22点。

商家点击"安排发货"的时间在当日14：00后的订单，最晚应揽收时间为次日22点。

②揽收商上门揽收时会现场清点包裹数量，同时提供交接清单让商家签字确认。

③揽收商完成包裹揽收后，通常会在当天晚上返回揽收站点入库，商家可在揽收完成的次日凌晨看到首件入库信息。

④揽收入库的包裹将正常流转至分拨中心，再由B段承运商送达海外消费者手中。

⑤取消单、拦截单、包含违禁品的包裹等退回包裹，将由揽收司机按原路退回给商家。

⑥若同一店铺同时有空运货物和海运货物，可将空运渠道包裹与海运及陆运渠道包裹分别包装，切勿混装，并且要在海运包裹外包装上标记"TT海陆运件"，然后分别交付给揽收服务商。

6.已送达

　　包裹入集运仓库以后，物流服务商会根据自身的运输能力，将包裹送达东南亚消费者指定的收货地址。在送达前，物流人员可能会与收件人联系，确认收件时间和方式。此时会由与平台签约的物流公司，完成相应的清报关流程。包裹妥投后，会将订单从"已发货"页签自动移到"已送达"页签。

　　收件人签收包裹，检查包裹的完整性和商品数量是否与订单一致。如有问题，则需及时与商家或物流商联系进行处理。

7.售后

如果收件人在签收后发现商品有质量问题或出现包裹损坏等情况，可以向商家提出售后申请。商家应根据售后政策及时处理客户的问题，如退换货、维修、仅退款等。

商家与物流商协调解决售后过程中的物流问题，如包裹退回、换货配送、销毁等。

二、消费者取消订单的几种情况

1.消费者取消订单

（1）用户下单后，如果是在发货前用户不想购买商品了，只要用户发起了取消流程，系统就会默认自动取消。

（2）如果是发货后入库前，用户申请取消订单，商家可以在后台进行"同意"或"拒绝"操作。

①点击"同意请求"。用户发起的取消订单请求，商家可以在"订单管理"待发货界面进行查看和处理，或者在取消订单界面进行查看和处理。 点击"同意请求"后，退款状态变为"已处理"，用户即会收到退款。

②点击"拒收请求"。此时会弹出一个对话框，在这里选择拒绝的理由。

2.商家取消订单

如果是商家取消订单，那么系统自动会将此商品的库存置为 0，TikTok 客户端也会下架此商品。

> **注意**
>
> 作为跨境商家，需要设置 2 个退货地址，即国内的退货地址和东南亚当地的退货地址，用于以下不同场景：
>
> （1）国内的退货地址。当包裹已送至集运仓但尚未入库时，买家取消订单后，包裹将会退回至商家手中，此时退货地址即为国内的退货地址。
>
> （2）东南亚当地的退货地址。支持拒收包裹退回商家在东南亚当地的退货地址。当包裹妥投失败或者被拒收时，如果商家已在后台设置了东南亚当地的退货地址，那么投送失败或被拒收的包裹将优先退回至商家在后台设置的退货地址，这可使货物进行二次销售；如果商家未设置海外仓，包裹将会退回至物流商仓库，官方将定期对这些退货商品予以销毁。
>
> （3）只有订单的生成时间晚于新地址设置完成时间，新的退货地址才会生效。如果订单在新地址设置完成前创建，则退件仍以原地址退回。

三、商家履约时效

时效考核标准为 120 小时内完成订单从发货到入库。

1.针对非揽收订单

从用户支付订单起，48 小时内要把订单状态更新为"待发货"且确保真实发货，之后 72 小时内将包裹寄到仓库，总共 120 小时内完成入库。

2.针对揽收订单

自用户支付订单起，48 小时内更新订单状态为"待发货"并确保真实发货，之后 24 小时内把包裹交给揽收服务商完成揽收，揽收后服务商最迟 48 小时内完成入库。

第十二章　店铺运营之联盟带货

第一节　联盟带货的概念与优势

一、联盟带货的定义

联盟带货是一种基于合作关系的电商营销模式，在店铺运营中发挥着重要作用。它是指店铺（商家）与多个达人（通常为达人、网红或者其他有流量的推广者）建立合作关系，借助达人的影响力和流量资源来推广店铺的商品，从而达到增加商品销量、提高品牌知名度等目的。

二、联盟带货的运作机制

1.招募达人并建立合作关系

（1）寻找合适的达人。商家需要寻找与自己店铺定位、目标受众相匹配的达人。例如，一家销售时尚美妆产品的店铺，就会寻找在美妆领域有影响力的达人或网红，其粉丝群体对美妆产品有较高的兴趣和需求。商家可以通过 TikTok 平台的达人搜索功能、社交媒体渠道或者专业的网红营销平台来发现潜在的达人。

如电脑登录店铺之后，依次选择"联盟带货""达人广场"（见图 12-1），点击进入下一页，选择"查找达人"（见图 12-2），就可以选择合适的达人，找到达人的联系方式，建联达人。

图12-1

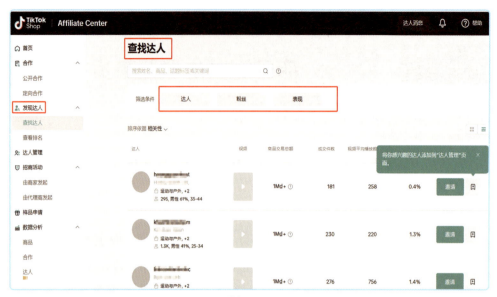

图12-2

（2）建立合作关系。商家与达人达成合作协议，明确双方的权利和义务。这包括确定佣金比例、推广周期、推广方式等内容。佣金比例是激励达人推广的重要因素，一般根据商品的利润空间、市场竞争情况以及推广难度等来确定。对于利润较高且竞争激烈的商品，可能会设置较高的佣金比例来吸引达人积极推广。

> **注意**
>
> 　　商家和达人的合作方式主要有两种——公开合作和定向合作，两种合作方式的差别以及怎么建联见本章第二节内容。

2.商品推广与流量引导

（1）推广内容创作。达人根据商家提供的商品信息、品牌理念等，创作吸引人的推广内容。这些内容可以是短视频、直播等形式。在创作过程中，达人会结合自己的风格和受众特点，突出商品的卖点和优势。例如，达人可能会在短视频中展示美妆产品的使用效果，或者在直播中亲自试用商品并分享使用体验，以此来吸引粉丝的关注，增强其购买欲望。

（2）流量引导与转化。达人通过自己的 TikTok 账号进行短视频挂车或者直播间挂车操作，将自己的粉丝流量引导到商家的店铺或商品界面。粉丝在看到相关内容后，如果对商品感兴趣，就会点击链接进入商家店铺进行购买。为了提高转化率，商家的店铺界面需要优化商品展示、提供便捷的购买流程和良好的用户体验。

3.佣金结算与效果评估

（1）佣金结算。当通过达人的推广产生销售订单后，商家根据之前约定的佣金比例向达人支付佣金。佣金结算通常有一定的周期，如按月结算或者按订单完成情况结算。商家需要建立完善的佣金结算系统，确保佣金计算准确无误，并及时支付给达人，以维护良好的合作关系。

（2）效果评估。商家需要对联盟带货的效果进行评估。评估内容包括商品的销量是否增加、品牌知名度是否有提升、是否获取了新客户等。通过分析相关数据（如销售数据、流量数据、粉丝增长数据等），商家可以了解联盟带货对店铺运营的贡献，并根据评估结果调整合作策略。如果发现某个达人的推广效果不佳，商家可以考虑调整与该成员的合作方式或者寻找新的达人。

三、联盟带货对店铺运营的积极影响

1.借助达人流量扩大销量

联盟带货可以让商家的店铺和商品接触到达人的粉丝群体，这些粉丝是商家原本难以直接触达的潜在客户。通过与多个达人合作，商家能够将商品推广到不同的受众群体中，从而扩大销售渠道，增加商品的销售机会。

2.提高品牌知名度

（1）品牌曝光度增加。达人在推广商品的同时，也在向自己的粉丝传播商家的品牌。随着推广内容的广泛传播，商家的品牌会得到更多的曝光机会，更多的人会了解到这个品牌的存在、品牌的定位和品牌的产品特点。这有助于提高品牌在市场上的知名度和美誉度。

（2）品牌信任度提升。由于达人与自己的粉丝建立了一定的信任关系，当达人推荐商家的商品时，粉丝会因为对达人的信任而对商家的品牌和商品产生一定的信任度。这种信任的传递可以帮助商家更快地建立品牌形象，吸引更多的潜在客户成为忠实客户。

3.降低营销成本

（1）按效果付费。与传统的广告营销方式相比，联盟带货大多是按照效果（如销售订单产生）来支付佣金的。这意味着商家不需要预先投入大量的资金用于广告投放，只有实际产生销售时才需要支付费用。这种按效果付费的模式可以降低商家的营销成本，提高营销资金的使用效率。

（2）精准营销。达人通常都有自己明确的受众群体，商家与合适的达人合作，可以实现精准营销。相比于广撒网式的营销方式，精准营销能够更有效地将商品推广给目标客户群体，减少不必要的营销资源浪费，从而在一定程度上降低营销成本。

第二节　创建联盟带货计划

一、店铺相关要求

店铺想进行联盟带货计划，首先得确保 TikTok Shop 处于正常运营状态。这意味着店铺没有违反平台的任何规则，如不存在侵权行为、虚假宣传、售卖违禁品等情况。如图 12-3 所示。如果店铺因侵权被处罚，可能会影响达人与店铺的合作意愿，因为达人也需要维护自身的形象和声誉。

图12-3

二、了解联盟带货

在进行联盟带货操作之前，商家需要对联盟带货计划有一定的了解，如了解联盟带货的规则和明确自己进行联盟合作的主要目标以及预算。

1.熟悉联盟带货规则

商家必须深入了解 TikTok Shop 联盟的规则，包括佣金设置、推广周期、数据统计等方面的规则。例如，要清楚不同商品类目对应的佣金比例范围，以及如何设置合理的佣金来吸引达人。同时，了解推广周期的限制，以便合理安排与达人的合作计划。

2.明确合作目标与预算

在与达人建联之前，要明确合作的目标，如提高商品的销量、增加品牌的知名度等。根据目标制订合理的预算，预算不仅要包括支付给达人的佣金，还可能包括为达人提供的额外推广资源或者样品的费用等。例如，如果目标是在一个月内将某款商品的销量提高 100%，就需要根据该商品的价格、预期的销量增长幅度以及市场上达人推广的平均成本等因素，制订出一个可行的预算方案。

三、创建联盟带货计划

在 TikTok Shop 中，目前可以建立 2 种联盟合作方式，分别是公开合作和定向合作。如表 12-1 所示。

表12-1　2种联盟合作方式

项目	公开合作	定向合作
商品	商家指定的商品	商家指定的商品
佣金	商家设置指定佣金，范围：1%~80%	商家设置指定佣金，范围：1%~80%
达人	面向全达人	指定达人，发送邀请

1.公开合作

指所有符合联盟资格的达人均可看到商家创建的计划。达人可以对感兴趣的商品提出带货申请，该申请被商家同意后，达人即可开始带货计划。

（1）首先进入店铺后台，选择"联盟带货"，进入联盟带货网页。如图 12-4 所示。

图12-4

（2）依次选择"合作""公开合作""添加商品"。如图 12-5 所示。

图12-5

> **注意**
>
> （1）东南亚跨境店可以开 5 个站点，如果想建联对应的公开合作和定向合作都需要选择对应站点。
>
> （2）可以在"公开合作"中选择"自动添加商品"，这样上品之后就按照设置自动将商品添加到"公开合作"中。
>
> （3）"公开合作"设置好之后，全部有带货权限的达人账号都可以自主选择是否带货。
>
> （4）"公开合作"设置好之后，如果后续觉得佣金过高或者过低，商家可以修改；但是注意如果该链接下出了很多单，且多个达人带货，可以和达人联系，改成"定向合作"，或者告知其降佣的情况。当然如果是升佣则可以不告诉。

（3）选择"添加商品"之后，进入如图 12-6 所示界面，在想要进行合作的商品前打"√"，右侧弹出"公开合作详情"，在该详情界面设置商品的"佣金率"，"批准达人""提供免费样品"按商家情况选择后面按钮是否打开，最后选择绿色选项"应用到 1 件商品"。

图12-6

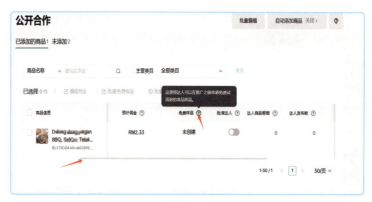

> **注意**
>
> "批准达人"打开之后，则需要达人申请将商家产品加入橱窗带货，待商家同意之后，才能加入自己的橱窗里面。这里建议大家不要打开！
>
> "提供免费样品"打开之后，达人可以申请免费样品，样品数量由商家后台设置决定，当达人申请之后，商家可以选择是否寄样品给达人！

（4）完成"公开合作"计划之后，商家可以查看自己公开合作的相关信息，此界面可以看到是否有达人帮商家带货、达人的相关数据等，也可以更改是否需要"批准达人"、设置"免费样品"、修改佣金率等。如图 12-7 所示。

图12-7

小提示

> 如果商家期望的达人主要来源是公开合作渠道，那么在公开合作中，商品佣金建议设置在 10% 以上，同时要记得加上产品卖点的推荐语。如果商家期望更多定向邀约的达人，则公开合作的佣金可以适当地设置低一些，这样才会有更大的空间与定向合作邀约的达人合作。

2. 定向合作

指商家定向邀约某一个达人为自己推广产品。达人接受后，即可开始推广产品。

（1）依次选择"合作""定向合作""邀请合作"。如图 12-8 所示。

图12-8

（2）在"邀请达人合作"界面（见图12-9），依次完成"创建邀请""选择商品""设置免费样品""选择达人"四步，就可以创建好一条"定向合作"邀请了。

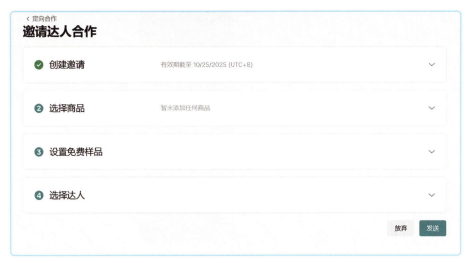

图12-9

①在"创建邀请"页，填写"邀请名称""有效期截至"日期、"联系方式"（不同国家可能有所差别，图 12-10 展示的是马来西亚的达人联系方式，有 WhatsApp 账号、Facebook 账号、Telegram）、发给达人的"消息"、"偏好内容形式"等。

图12-10

②完成"创建邀请"之后，进行"选择商品"操作，选择准备进行合作的商品。如图 12-11 和图 12-12 所示。

图 12-11　　　　　　　　　　　　　　　　　图 12-12

（1）商家可以为所有已选商品设置佣金率。

（2）佣金率为 1%~80%，如果在公开合作中包含该商品，则在此定向合作中设置较高佣金率，以吸引达人进行推广。达人们会看到一个徽章，显示"较高佣金"。

（3）商家可添加或删除商品。如图 12-13 所示。

图12-13

③为该定向合作设置"是否提供免费样品"。当商家选择"提供免费样品"时，则每个受邀达人都可以在邀请中为每种商品申请一件免费样品，包括销售变体。同时商家也可以选择"自动批准申请"或"手动审核申请"。如图 12-14 所示。

图12-14

④为该定向合作选择合适达人，可以直接输入达人用户名或者用户 ID，或者选择"添加预选达人"添加达人，然后弹出图 12-15 所示界面，这时可以选择已经和商家合作过或者已经联系过的达人，如图 12-16 所示；也可以选择"推荐达人"，如图 12-17 所示。

图12-15

图 12-16

图 12-17

（1）如果此处没有预选达人（见图 12-17），我们可以"查找达人"并将达人"添加到达人管理"操作。如图 12-18 所示。

图12-18

当然，如果我们已经建立"定向合作"链接，在图 12-18 界面，可以选择"邀请"直接发送链接。

（2）将达人添加到"达人管理"之后，商家就可以在定向合作"选择达人"中有更多选择，如图 12-19 是打开一个定向合作，再将同一合作发给其他达人的操作。

图12-19

> **注意**
>
> 　　定向合作是邀请到一位达人才算新建成功，所以这个达人最好是先建联的。如果没有和这个达人建联，只是在"添加预选达人"选项下，点击"查找达人"（见图 12-18）选项后跳转到新的网页中添加达人，那么在"发送"邀请之后（见图 12-21），至少要和该达人进行一次在线沟通 ☺，这样达人才能在后台看到商家发的定向合作邀请链接。

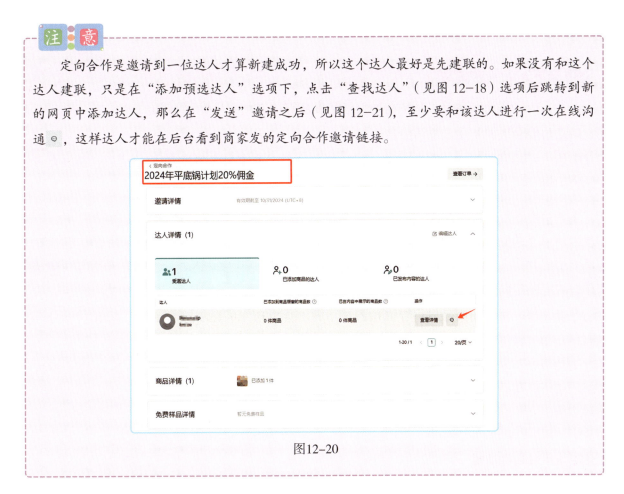

图12-20

（3）选择合适的达人，点击"发送"之后，会有界面提示商家的合作邀请是否发送成功。如图 12-21 和图 12-22 所示。

図 12-21　　　　　　　　　　　　　　　　　　図 12-22

第三节　高效建联达人的技巧与话术

一、高效建联达人的方式

（1）达人广场邀约。当前，每位商家每周最多能够向 20 位达人（具体的邀约人数依据平台政策而定，后续可能会增加）发送邀约信息。

（2）达人广场在线沟通。在达人尚未作出回复之前，商家最多可发送 5 条信息，所以要珍惜发消息次数，重点信息优先发送。

（3）达人广场获取达人 Ins/Email/WhatsApp 等更高效的联系方式。

（4）通过店铺后台添加达人联系方式。

（5）定向合作。每个定向合作能够添加 100 款商品以及 30 位达人，商家后台可同时存在 999 个处于在线状态的定向合作。

（6）带货榜。在添加商品时将界面拉到最下方，会出现 Top Creator 排行榜，该排行榜分为直播和短视频两类，每类各展示 Top50 达人。

（7）其他可考虑的方式。在短视频和直播间留言以建立联系，发布短视频并 @ 达人来建立联系，通过达人站外同名账号建立联系，通过达人及同行的关注列表建立联系等。

二、批量建联达人的工具运用

1.社交媒体平台自身功能

（1）TikTok App 私信功能。在 TikTok 平台上，私信是直接与达人沟通的基本方式。商家可以通过搜索目标达人的账号，然后发送简洁明了且有吸引力的私信内容联系达人。例如，在私信中简要介绍自己的品牌或店铺优势、合作的意向以及可能为达人带来的好处，如丰厚的佣金、优质的产品资源等。为了提高回复率，私信内容应个性化，避免千篇一律的模板式消息。

（2）TikTok 创作者市场。这是 TikTok 官方提供的一个对接品牌方和创作者（达人）的平台。商家可以在创作者市场上根据不同的筛选条件，如达人的粉丝数量、粉丝地域分布、内容领域等，精准定位到符合自己需求的达人。该平台还提供了达人的相关数据，如平均视频播放量、互动率等，有助于商家全面评估达人的影响力。通过创作者市场，商家可以直接向达人发送合作邀请，这一渠道相对正规且有平台的支持，增加了达人对合作的信任度。

2.数据网站运用

当前，可用于分析数据的平台有很多，如飞瓜数据、新抖、卡思数据、蝉妈妈、巨量算数等。同时，针对 TikTok 国外也有许多数据分析网站，且都具备账号排名与分析、粉丝画像描绘、内容表现评估、互动情况监测等功能。这些网站不仅能展示不同账号的粉丝增长趋势、互动率等数据，使用户了解不同账号在平台上的表现，还能追踪热门话题和挑战，为内容创作者提供灵感。

除了在 TikTok App 和 TikTok Shop 达人广场可以直接建联 TikTok 达人之外，还可以通过 Kalodata 实现达人批量建联与精细化管理，具体操作如下：

（1）一次导出全行业相关达人信息，实现批量建联。登录 Kalodata.com，选择目标国家，以美国为例，切换到达人界面，根据经营类目和达人营销预算，设置相应的参数，如类目、成交金额、达人粉丝数据等。以美妆个护为例，将达人粉丝数设置为小于 5 万，成交金额设为单周大于 1000 美元，同时筛选联盟状态为独立达人，这样就得到一个高度符合预期的达人列表。最后，使用达人列表页右上角的数据导出功能，即可批量导出达人联系方式和达人邮箱，快速建联。如图 12-23 和图 12-24 所示。

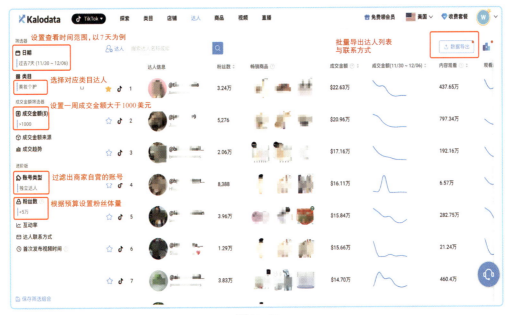

图12-23

图12-24

（2）了解竞争对手和行业头部店铺合作达人，快速与相关创作者建联。登录 Kalodata.com，选择目标国家，切换至店铺界面，利用左侧的类目筛选项，选定自己所经营的类目，从而获取该类目下的店铺排名；或者通过列表页顶部的搜索框，凭借关键词检索来查找竞品店铺信息。在得到店铺列表后，点击进入竞品店铺详情，接着在左侧点击"达人"，查看竞品店铺合作的达人信息以及达人的带货数据。还可以直接导出包含邮箱等联系方式的与竞品合作的达人列表。此方法不但能够迅速了解竞品的推广策略，还能快速与竞品合作的达人建立联系，极大地提高与达人合作的效率。如图 12-25 和图 12-26 所示。

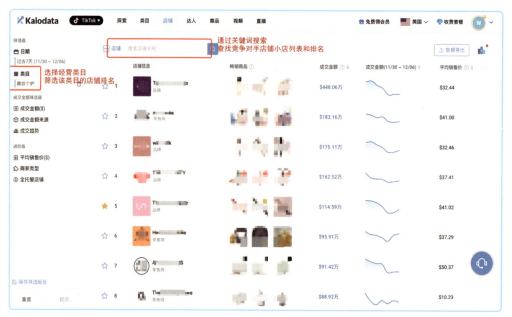

图12-25

图12-26

（3）追踪热销爆品的合作达人，通过筛选带货金额和流量数据，快速选择高流量和高转化的达人。登录 Kalodata.com，选择目标国家，切换到商品界面，借助左侧类目筛选项，选定自己所经营的类目，进而获得该类目下的商品排名；也可利用列表页顶部的搜索框，通过关键词检索查找同类产品的排名。在得到商品列表后，点击进入目标商品详情界面，然后在左侧点击"达人"，查看该商品近期的达人推广策略与数据表现，从而挖掘高流量与高转化的达人，建立联系并确定合作。如图 12-27 和图 12-28 所示。

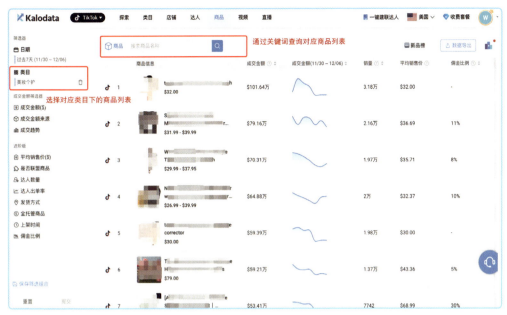

图12-27

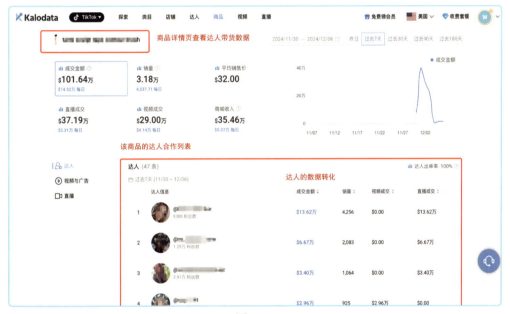

图12-28

小提示

　　Kalodata 是一款广泛用于社交媒体数据监测和分析的工具。对于与 TikTok 达人建联而言，Kalodata 可以提供达人的详细数据，包括粉丝增长趋势、视频浏览量历史数据等。商家可以利用这些数据判断达人的发展潜力和稳定性。例如，如果一个达人的粉丝增长曲线呈现稳步上升的趋势，且视频浏览量较为稳定，那么这个达人可能是一个值得合作的对象。通过分析这些数据，商家能够更有针对性地选择与自己品牌或产品匹配度高的达人进行建联。

　　其实每个平台都大同小异，商家在用好一个平台的某项功能之后，要学会发现其更多的功能。后续还会讲到投流，Kalodata.com 平台也可以帮助查看和优化投放的数据。

三、建联话术参考

每个国家的国情、语言习惯是不一样的，这里仅提供一个建联话术参考。如表 12-2 所示。

表12-2　建联话术参考

国家	语言	沟通注意事项
泰国	泰语	达人偏好的沟通渠道顺序为：Line、电话、TikTok Messages、邮箱。泰语不使用标点符号，而是像韩文那样以空格来划分句子（进行句读），所以发送信息时要留意用空格断句。 可适当添加一些表情符号。
越南	越南语	达人偏好的沟通渠道为 Zalo，其次是 Facebook Messenger。在与达人沟通时，可以适当地加入表情符号，这样能让邀约看起来更活泼，从而吸引达人的注意。
马来西亚	根据达人所属民族，可能使用马来西亚语。	达人偏好沟通渠道为 WhatsApp。
菲律宾	根据达人所属民族，可能使用他加禄语。	达人偏好沟通渠道为 Viber。

建联内容包含以下方面：

1. 问候

以亲切、友好的问候语开场，例如"你好""亲爱的 [达人称呼]"等。

2. 表明身份

清晰地阐述自己是谁，品牌商、工厂或代理商等可以这样介绍自己："我是 [品牌名称] 的品牌商，我们在行业内已经有 [×] 年的经验。"

3. 介绍产品

（1）产品类别。明确主要的产品类型，比如"我们主要经营美妆、日用、家居、户外、母婴等类别的产品"。

（2）佣金设置。详细说明佣金情况，可以按不同档次划分，如"我们的佣金设置非常有吸引力，根据出单量分为不同档次，例如，出 500 单就能奖励 500 马币等"。

4. 提供资源

说明能够提供的资源，如"我们还能提供广告投流方面的支持，这将有助于提升产品的曝光度和销量"。

5. 合作意向

（1）产品选择。指出希望合作的产品，如"我们希望能与你在 [具体产品名称] 等产品上建立合作关系"。

（2）建立联系。提出建立定向合作的联系方式，"如果你也有兴趣，我们可以通过 WhatsApp、邮箱 [具体邮箱地址] 等方式建立联系，进一步商讨合作细节"。

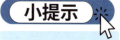

小提示

商家开始和达人合作之后，最好能拿到达人的常用通信 App 的联系方式。

1. 初次触达的话术怎么写

话术不当，达人便不会理会。在与达人沟通的过程中，要尽量把商家的优势和商品的卖点展现出来，但也不能自说自话地推销，得尊重达人自己的想法。话语尽量简单，表情符号可以多用。商家最好准备多个话术，不停地测试，看看哪个话术在促成合作上的成功率更高。

这里我们提供一个初次触达的话术模板供商家参考：

话术模板

（1）简洁的自我介绍与公司概况介绍，展现正规身份和公司优势资源。"嗨，[达人姓名]🥰。我是[品牌/店铺]的[达人运营经理]。我们公司专注于[经营业务]，在行业内颇具影响力😎。像我们在[国家]的 TikTok Shop 相关类目里可是排名第一的哟，并且已经成功与[×××位达人]达成合作，这些都是我们实力的有力证明🔥。"

（2）表明来意，体现对达人账号的熟悉程度，结合推荐商品向达人说明合作原因："近我们留意到你在 TikTok 上发布的视频特别出彩👍，尤其是你的[×× 视频（与商家货品相关）]，收获了[×× 点赞量]，并且用户反馈[×× 内容]很棒呢。我们由此觉得你的风格与我们的产品非常契合，所以特别希望能够与你开展合作😄，毕竟我们有不少相关的商品想向你推荐。"

（3）介绍货盘优势与重点商品（最好附图），优先选取有知名度、畅销或者有知名媒体背书的商品："我们的[产品]优势多多，其主打[卖点]。之前它[被 ×× 媒体报道过]，还被[头部达人名称]推荐带货，销售量已经达到[×× 件]了，更是收获了众多[×× 用户]的好评呢😊。"

（4）着重强调合作利益点："我们会为你提供[免费样品🎁、××%的佣金、内容创作指导/剪辑辅助、爆款视频的投流支持、长期稳定的优质货源供应]等福利。如果你对此感兴趣的话，一定要联系我们呀，真的非常期待！"

下面举例 2 个话术，以做参考，但是商家在使用时一定要翻译成当地语言，且要在话术中加上表情符号。

话术一

你好呀，[达人姓名]😊。我们是[品牌/店铺]呢，想和你分享一下我们的[产品]。我们的品牌在这个领域已经有[×]年的经验啦，一直专注于品质和创新😊。

[产品]有很多独特的卖点哟，像[1~2 个卖点]，感觉很符合你的粉丝的需求呢。

我们非常尊重你的选择，如果你愿意的话，我们可以为你提供这些支持：免费样品🎁，有竞争力的[×%]佣金，要是你的视频成为爆款，我们还会做投流来助力呢😊。

如果你对这个产品感兴趣或者有任何想法，欢迎随时联系我们呀😊。

话术二

嗨，[达人姓名]🤩。我是[品牌/店铺]的。我们的[产品]超棒的呢。它是由[专业团队/优质原料等]打造的，品质非常可靠👍。

我们注意到你的粉丝群体很适合这个产品呢。我们希望能与你合作推广，但是完全尊重你的意愿。

我们能为你提供：免费的样品🎁，[×%]的佣金，而且一旦有爆款视频出现，我们会投入资源进行投流助力🤩。

期待你能给我们一个机会聊聊呀，不管怎样都祝你每天开心呀🤩。

2.邀请达人给店铺多个产品带货话术

时间等同于金钱。在成功邀约到合适的达人之后，要是发现店铺内有多种产品适配这位达人，商家可引导达人同时申请这些产品的样品，然后把样品放在同一个包裹寄出。这样做既能削减后续反复寄样所耗费的时间成本，加速合作进程，又能降低运费成本。

> 如果是通过 TikTok Shop 后台站内通信工具和达人沟通，还可以一键发送商品卡给达人。

那我们要怎样引导达人挑选多个样品呢？以下是一个可供参考的话术模板：

话 术

[达人姓名]，你好呀！😊 你已经同意尝试我们的产品样品，这真的很棒呢！我们发现有好几个产品都特别适合你的风格和受众哟🤩。

你看，我们有 [产品1名称]，它的 [产品1卖点]；还有 [产品2名称]，这个产品的 [产品2卖点]；以及 [产品3名称]……（可根据实际情况列举多个产品及其卖点。）

如果你能同时申请这些产品的样品就再好不过了，我们会把它们一起打包寄给你。这样一来，就不用为每个产品单独寄送样品，既节省了时间（毕竟时间就是金钱呀😉），能让我们更快地开始合作，又能帮你节省运费成本呢。你觉得怎么样呢？

期待你的回复哟。🤗

四、与达人沟通的时间节点

1.样品寄出后

此处为商家提供话术模板以供参考：

话 术

嗨，[达人姓名]，我们的样品已经寄出啦，物流单号是 ×××，请你留意查收呢！😄 在拍摄视频之前，你记得检查一下样品是否完好无损哟。如果有任何问题，请随时告知我们，非常期待与你的合作🥰。

2.样品到货后

（1）激励达人发文履约：

话 术

嗨，[达人姓名]，我看到之前寄给你的样品似乎已经到了呢，你收到了吗？你对我们的样品还满意吗？[对应的商品，附上本地播放量最高的 1～2 个视频链接]，这是其他达人推广这个商品的视频或者直播哟。他们仅通过一个视频或者直播就赚取了 [金额] 的佣金呢，你也可以做到的👍。

（2）发给达人爆文脚本：

　　嗨，[达人姓名]，[提供同个商品或者同类目爆款视频链接／直播链接]你可以参考一下这些视频哟👀。我们总结了一下经验，[×××（归纳爆款视频的亮点，重点关注卖点／话术／镜头／脚本）]这些方面都做得很不错，你可以按照自己的风格稍加调整，这样就更有可能打造爆款视频啦🥰。

（3）和达人约定发布时间：

话术

　　你这边预计视频什么时候发布呀？准备好的时候麻烦告诉我一声哟🥰。

（4）商家可以设置少量投流预算，用于促使达人增加视频发布数量、维护与重点达人的关系：

话术

　　在你发布视频的时候，请记得[@商家官方账号（如果有）]，我们会定期对数据表现好的视频投放广告来提升热度哟。

3.样品到货多日后，达人尚未发布内容

话术

　　嗨，[达人姓名]，看起来样品已经到达有一段时间了，但是视频还没有发布呢，你是有什么顾虑吗？你预计什么时候发布呢？在[约定时间]之前发布可以吗？我们近期有[促销活动／投流活动／库存紧张等]这个周期专属的福利，要抓住这个机会呀🙌。

五、达人发视频之后怎么进行下一步

1.情况一

　　当该达人发布了视频，但内容质量不佳，或没有产生订单，商家要鼓励达人提升内容质量，再次发视频，话术模板如下：

话术

　　嗨，[达人名字]，我看到你发布的视频啦，特别感谢你为我们做推广🥰。你在[做得不错的方面1]和[做得不错的方面2]这些地方真的表现得很不错呢。不过呢，我感觉[有待提升的方面1]以及[有待提升的方面2]如果能再优化一下就更好啦，这可能就是[播放量不太好／没出单]的原因哟。你不妨再参考下[爆文脚本]呀。我很想听听你是怎么想的呢，你是不是也有一些改进的想法呀？

　　下次发文的时候，可别忘了[如果有，@商家官方账号]哟。要是你发布的视频数据不错的话，我们会给这个视频投放广告的，这对提升你的知名度和收益都很有帮助呢🔥。

2.情况二

当达人发布了视频，且内容质量很好，出单了，但只发了一条视频，商家要鼓励达人多发视频。

话术模板如下：

> **话术**
>
> 嗨，[达人名字]，你发布的视频我已经看到了，真的很感谢你的推广🥰。这视频无论是内容还是数据都非常棒啊！你在[做得很棒的方面1]和[做得很棒的方面2]等方面都做得超级出色呢。我觉得你这周可以再多发[×条]视频呀，你这次的拍摄方式真的很赞，再多发一些视频肯定能多出不少单呢。你知道吗？我们这儿推广这个商品最厉害的达人，一周会发[××条]视频，他能收获[××的播放量]，还能赚取[××佣金]呢。我很想听听你接下来的计划呀😄。
>
> 每次发文的时候都要记得[如果有,@商家官方账号]哟，如果你的视频数据好，我们会投放广告的，这对我们双方都有益处呢🔥！

3.情况三

当达人发布了多条视频，且内容质量良好，出单了，商家要做重点的达人关系维护。

鼓励达人，希望达人日后多做推广。话术模板如下：

> **话术**
>
> 嗨，[达人名字]，你发布的[×条]视频我都看到了，非常感谢你这么用心地推广😄。这些视频的内容和数据都相当不错呢！在[表现出色的方面1]和[表现出色的方面2]等方面，你都做得极为出色啊！你已经完全掌握了推广这个商品的诀窍，希望你后续也能继续多多发布呀。你看，我们这儿推广这个商品最成功的达人，一周会发[×条]视频呢🔥。

告知达人店铺会陆续上新，保持对店铺的关注：

> **话术**
>
> 我想跟你说一声，我们店铺后面还会持续推出[×××新品]哟，这些新品都有着[×××卖点]呢。新品上架的时候，我会第一时间告诉你的，你可以提前做好准备呀🔥。

可以以投放爆款视频广告作为条件巩固和达人的关系：

> **话术**
>
> 你每次发视频的时候一定要[@商家官方账号]哟，只要我们看到你发的视频，就会根据情况给你投放广告的，这也是我们对你的支持呢🔥。

第十三章　店铺运营之商城

第一节　了解什么是商城

一、商城的概念

商城（见图 13-1）是 TikTok Shop 开辟的电商购物入口，是一个独特的电商板块，涵盖了多种销售模式、营销工具、商家服务等。商城能够为商家引入垂直电商意图流量，这种流量有别于传统兴趣电商流量。在商城这个特定的场景里，商家有很大可操作的空间来提升自身的商业竞争力。例如，商家可以着重进行搜索优化，通过精准设置关键词、优化商品标题和描述等方式，使自己的商品在搜索结果中获取更多曝光。

货架能力建设也是店铺营销的关键一环，如同实体店铺中通过合理摆放商品以吸引顾客目光一样，商家可以精心规划商品的陈列布局，在商城中以最佳的视觉效果和分类方式展示商品，从而获取更多来自电商用户的曝光机会。

图13-1

二、商城的入口种类

商城是由多个入口组成的集合，其涵盖了搜索、商城推荐、活动频道、橱窗、店铺以及其他不同入口，同时还包含直播、短视频卡和商品卡等多样化的内容展示形式。以下是对各核心渠道的详细介绍：

1.搜索

搜索功能包括 TikTok 综合搜索 [见图 13-2（d）] 以及商城搜索 [见图 13-2（e）]。这一渠道对于商家而言具有重要意义。商家能够借助热搜词来优化商品标题、商品信息以及内容标题等相关信息。通过对热搜词的深入研究与精准运用，商家可以让自己的商品和内容在搜索结果中更容易被用户发现。此外，商家还可以根据搜索相关数据及用户需求，有针对性地补充商品内容，从而提高商品在搜索渠道中的曝光度与吸引力。

2. 商城推荐

商城推荐包含多个界面，例如商详界面后"猜你喜欢"、购后界面"猜你喜欢"和"商城推荐"、任务页以及榜单界面等。对于商家来说，这个渠道需要重点关注商品从曝光到成交的转化效率。基于这一关键指标，商家可以对商品信息进行优化，确保商品的上架状态良好，维持稳定的库存数量以及合理的价格。只有这样，才能在商城推荐这一渠道中，提高商品的竞争力，实现从曝光到成交的有效转化。

3. 活动频道

活动频道包含了如秒杀等各种促销活动频道。这些活动频道为商家提供了吸引用户、提高销量的机会。通过参与活动频道的促销活动，商家可以在短时间内聚集人气，增加商品的销售量，提升品牌名度。

4. 橱窗

这里主要指的是达人橱窗。在这个渠道中，商家可以积极引导达人在其橱窗展示商品。达人橱窗凭借达人自身的影响力和粉丝基础，能够为商品带来更多的流量，进而带来更多的成交机会。商家与达人之间的合作在这个渠道中显得尤为重要，双方的有效配合能够实现互利共赢。

5. 店铺

店铺包含商家店铺以及企业号等形式。商家能够依据用户画像、用户在店铺内的动线以及商品偏好等因素，对店铺进行精心装修。通过对店铺进行个性化、符合用户需求的装修，可以提升用户的购物体验，增加用户在店铺内的停留时间，从而提高用户购买商品的可能性。

6. 其他

其他渠道包含消息、分享、购物车等。这些看似零散的元素同样在商城运营中发挥着不可忽视的作用。例如，消息渠道可用于与用户进行沟通互动，分享渠道有助于商品和店铺的传播推广，购物车则方便用户对心仪商品进行暂存和管理等。

图13-2

第二节　提升商城搜索和推荐流量

在商城经营中，流量是关键因素之一。提升流量主要涉及 2 个重要方面：搜索流量和推荐流量。

一、提升搜索流量：搜索引擎优化

1.重要性

搜索流量在商城经营中占据重要地位，通过搜索引擎优化，能够提高商品在搜索结果中的可见性，从而吸引更多潜在客户。

2.优化方法示例

（1）关键词研究与选择：深入研究目标市场和行业，找出与商品相关且搜索量较大的关键词。这些关键词不仅要反映商品的基本属性，还要考虑到用户的搜索习惯和热门趋势。例如，对于一款时尚女装，可以选择"夏季流行女装""时尚女装新款"等关键词。

（2）商品标题优化：将选定的关键词合理地融入商品标题中，确保标题简洁明了且具有吸引力。例如，"[品牌名] 夏季流行女装 – 时尚新款 [款式特点]"。同时，要注意标题的语法和语义，避免堆砌关键词。

（3）商品描述优化：在商品描述中详细阐述商品的特点、功能、使用场景等信息，并自然地穿插相关关键词。丰富的商品描述有助于搜索引擎更好地理解商品内容，提高搜索排名。

（4）图片优化：现在可以通过视图找到对象产品，所以图片质量要高。

二、提升推荐流量

推荐频道是平台系统推荐的主页面，它在为商家商品提供曝光机会方面具有巨大潜力。

推荐频道包含了许多界面，其中商城页里的商品卡是重要组成部分。之所以称之为"推荐页"，是因为每位用户看到的都是基于他们购物偏好的个性化推荐界面。这个界面就像是为每个用户量身定制的购物指南，里面展示的产品都是针对他们的兴趣偏好精心挑选的。这与 TikTok 上广为人知的"为你推荐"界面类似。例如，在整个商城的定义范畴内，商城的推荐信息流与搜索（Search）、店铺（Store）和促销（Promotion）共同协作，为商城的流量和商品交易总额做出重要贡献。

1.商品被推荐的优化方法——优化商品卡

商家如果想让更多商品获得平台推荐流量，可从优化商品卡着手，具体方法如下：

（1）商品详情页优化

①优质产品标题应简洁明了且突出商品核心特点与优势，同时合理使用关键词以提高搜索匹配度。例如，对于一款高性能手机，可采用"[品牌名] 旗舰手机：超强性能，卓越拍照体验"的标题，既明确品牌，又突出主要卖点。

②提供清晰、美观且有吸引力的商品图片。图片分辨率要高，且应从不同角度展示商品外观、细节及使用场景。如对于一款时尚运动鞋，可展示鞋子的正面、侧面、底部以及模特穿着该产品运动的场景，让用户直观感受其设计风格与实用性。还可适当添加特效来增强图片艺术感，但不能过度处理，以免影响真实性。

③商品详情页描述要完整、准确，一般需包含详细产品信息，如规格、材质、颜色、尺寸、重量等基本参数以及产品功能特点、使用方法、注意事项等基本信息。使用说明以图文并茂的方式呈现，让用户快速了解正确使用方法。同时提供售后服务信息，明确退换货政策、质保期限、客服联系方式等，增强用户信任度，还可展示用户好评和案例，进一步提高可信度。

（2）具有竞争力的价格策略

①进行价格调研与比较。商家定期进行市场调研，了解同类商品在不同平台的价格走势，可使用价格监测工具或手动搜索同类商品价格，分析价格差异和竞争优势。比较自己商品与其他平台同款或类似商品价格，确保不高于其他平台，同时考虑成本、利润和市场需求等因素制订合理价格策略。

②做好价值定位与价格调整。价格设置既要具有竞争力，又要符合商品价值定位。一般来说通过对商品品质、功能、品牌等进行综合评估以确定价值区间。若商品有独特优势或品牌影响力，可适当提高价格体现价值；若竞争激烈，可通过降低成本、优化供应链等方式降低价格，提高性价比。定期根据市场需求、成本变化和同类商品价格动态调整价格策略，设置促销活动、优惠券等吸引用户购买，提高转化率。

总之，商家通过优化商品卡，包括优化商品详情页和制订具有竞争力的价格策略，可提高商品曝光度和转化率，增加被平台推荐的机会，提升销售业绩。

优化商品卡步骤

1.优化商品标题

一个完整的商品标题可以帮助用户快速找到商品：完整商品名称＝核心关键词／属性关键词＋促销关键词＋功效关键词＋人群关键词＋品牌关键词。

（1）优化标题。我们可以通过 TikTok Shop 卖家中心中"数据罗盘""数据分析""商品卡片""搜索""商品标题优化工具"直接优化标题。如图 13-3 所示。

图13-3

（2）优化标题关键词。我们可以通过 TikTok Shop 卖家中心中"数据罗盘""数据分析""商品卡片""搜索""关键词榜单"（热门搜索关键词／飙升关键词／高潜力关键词）找到搜索量高的关键词。如图 13-4

所示。

图13-4

常见关键词与图片违规问题

1.限售商品

（1）珠宝类限售。在商品标题中使用"钻石"等相关词时，如果没有合法的销售资质或相关许可，可能会构成违规。例如，一些未经授权销售的钻石类商品，其标题中包含"钻石"这一关键词就不符合平台规定。

（2）涉及野生动物制品的限售。标题中与野生动物相关的词语为违禁词。像"水貂眼睫毛""豹纹手链"这类商品标题，水貂是受保护的野生动物，豹纹制品如果来源非法也会涉及野生动物保护问题，这些词一旦出现在商品标题中，就会触发违禁词规则。

（3）瘦身类限售。"瘦身"这个词也可能触发违禁词规则。因为在很多情况下，可能涉及虚假宣传或者不符合平台对特定类商品的销售规定。如果没有足够的证据或者合法的认证，单纯在标题中使用"瘦身"一词来吸引顾客，可能会被判定为违规。

2.夸大宣传

在商品描述中，如果出现具有药用性质的说明，如"缓解关节炎""缓解炎症"等表述，除非商家能够提供相关的检测证明材料，否则就会触发违禁规则。商家不能在没有科学依据和合法证明的情况下，对商品做出具有医疗效果的夸大宣传。这是为了保护消费者权益，避免消费者受到误导而购买到不符合预期效果的商品。

3.设计侵权

（1）大牌擦边设计侵权。商品的设计存在擦边大牌的情况，擦边设计是一种侵权行为。例如，某些商品的外观设计、图案或者整体风格故意模仿知名品牌，如模仿苹果手表的独特外观设计，这种行为可能会误导消费者，并且侵犯了品牌方的知识产权。

（2）图片问题导致侵权嫌疑。商品图片模糊或者使用马赛克处理也可能引发侵权嫌疑。模糊的图片可能是为了掩盖商品本身的一些侵权特征，如模糊处理可能是为了隐藏与大牌相似的标识或者设计细节。马赛克的使用也有可能被视为故意隐藏侵权元素。这些情况都存在设计侵权的风险。

2.商品图片优化

（1）图片数量

尽可能提供9张完整的商品图片。9张图片需从多个不同的维度全面展示商品的各个方面，如外观全貌、细节构造、功能展示等，让消费者对商品形成完整而细致的认知，从而提高他们的购买意愿。

（2）首张图片要求

①主体突出。首图务必做到主体突出。商品要成为画面中的绝对核心，在视觉上占据主导地位。以一款运动鞋为例，它应位于画面中心且占据足够大的比例，让消费者一眼就能聚焦到商品本身，避免因其他元素的干扰而分散注意力。

②背景整洁干净。首图的背景需要保持整洁干净，不得有杂乱无章的元素。简洁的背景就像一个安静的舞台，能够更好地烘托出商品主体，使其更加引人注目。一般来说，白色或其他纯色背景是非常理想的选择；这种纯色背景没有过于花哨或复杂的颜色和图案，能够确保商品得到最纯粹、最直接的展示，不会因背景而影响商品的展示效果。

③无文字，不拼接。首图中不允许存在标注文字或者拼接的情况。文字可能会破坏图片整体的和谐美感，同时也可能涉及广告宣传方面不符合规定的内容。而拼接图片可能会给消费者传递出关于商品形态的错误信息，不符合规范的展示要求。

④建议的图片类型。首图建议采用场景图或者白底图（纯色图）。场景图能够生动地展示商品在实际使用场景中的状态，使消费者能更直观地想象出商品的使用效果。而白底图（纯色图）则能以简洁、清晰的方式呈现商品，凸显商品的外形轮廓和基本特征，方便消费者快速识别商品的基本样式。如图 13-5 所示。

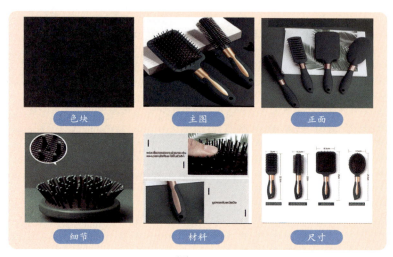

图13-5

3.商品描述

上传商品的商品描述，可用图片、文字、图文混合 3 种方式来描述商品。如图 13-6 所示。

图13-6

（1）图片类型

①视觉吸引。以图片为主的商品描述视觉冲击力强，能快速吸引消费者的目光。如时尚商品，模特使用该产品的图片能直观展示产品效果和风格，迅速引起消费者的兴趣。

②多维度展示。不同角度、场景的图片可多维度呈现商品。以电子产品为例，展示产品外观和使用场景图，有助于消费者全面了解该产品。

③存在局限。图片难以传达抽象信息，如电子产品的参数、家具的材质特性等。

不合格商品图片的表现

1.拍摄与主体呈现问题

（1）拍摄随意。首图拍摄过于随意，如角度不佳、光线过暗或过亮等都会影响商品的展示效果。比如拍摄一件精致的首饰时，如果在昏暗的角落随意拍摄，就无法展现出首饰的光泽和细节。

（2）主体不明显。商品在图片中没有占据主导地位或者被其他元素掩盖，会让消费者难以快速识别商品。以一款新款手机为例，如果在首图中手机被众多无关的配件或者杂乱的背景所淹没，消费者就很难第一眼看到手机本身的样子。

2.图片质量问题

（1）低质量白图。质量较差的白色背景图，可能存在颜色不纯、有噪点等问题，这种低质量的白图不能很好地展示商品，反而会让商品看起来缺乏质感。

（2）拼图杂乱。如果首图是由多个不同的图片拼接而成且拼接杂乱无章，会给人一种混乱的感觉，容易使消费者对商品产生误解。例如，将不同款式的衣服拼接在一张图上作为首图，消费者可能无法确定到底是哪一款衣服在售卖。

（3）图片模糊。模糊的图片无法清晰地呈现商品的细节和轮廓，会严重影响消费者对商品的了解。如拍摄具有精细工艺的手工艺品时，图片模糊就无法展示出其独特的工艺细节。

（4）图片尺寸非1∶1。不符合1∶1尺寸比例的图片可能会导致商品在展示时出现变形等问题。例如，将一个正方形的商品用长方形的非1∶1尺寸图片展示，会使商品看起来像是被拉长或被压扁。

（5）没有尺寸图。如果主图中缺乏尺寸图，消费者难以直观地了解商品的大小，对于一些对尺寸比较敏感的商品（如家具、电子产品等），这会影响他们的购买决策。

（6）修图痕迹明显。图片经过过度修图，修图痕迹明显，可能会让消费者怀疑商品的真实性。例如，过度磨皮处理后的商品表面看起来不真实，像是在掩盖商品本身的瑕疵。

商品图片的禁忌元素

1.常见涉及品牌侵权的元素

（1）名牌箱包。未经授权在主图中使用名牌箱包的品牌标识、独特图案或外观设计元素是不被允许的。这属于品牌侵权行为，会侵犯名牌箱包品牌方的知识产权。

（2）苹果logo。苹果公司的logo是其知识产权的重要组成部分，在主图中随意使用苹果logo（除非是合法的苹果产品销售且遵循相关规定）是被禁止的，因为这会误导消费者并且构成侵权。

（3）迪士尼元素。迪士尼的卡通形象、标志等元素受版权保护，没有获得授权在主图中使用这些元素同样是侵权行为，可能会导致法律问题。

2.涉及国家、宗教与特殊群体的元素

（1）国家国旗。国旗是一个国家的象征，在商业主图中使用国旗元素需要遵循严格的法律法规。如果未经授权而使用，可能会违反相关的国家法律和国际公约。

（2）宗教符号。宗教符号具有特殊的宗教意义，在商业主图中使用宗教符号（如安拉相关符号）可能会被视为不尊重宗教信仰或者违反宗教相关规定，容易引发争议。

（3）六芒星元素。六芒星在不同的文化和宗教中有不同的含义，在商业主图中随意使用可能会因为文化或宗教敏感性而引发问题。

（4）LGBT（性少数人群）元素。由于不同地区对LGBT群体的态度和相关法律法规存在差异，在主图中使用LGBT元素可能会导致部分受众的不适或者不符合某些地区的商业规范。

（5）奢侈品元素。这里的奢侈品元素指的是那些未经授权的奢侈品品牌特有的标识、图案或设计元素。使用这些元素会涉及品牌侵权问题，同时也可能会误导消费者，使其认为商品与奢侈品品牌有某种关联，而实际上并非如此。

（2）文字类型

①详细传达。文字能够准确描述商品功能、材质、尺寸等详细信息。如家居用品，能用文字说明材质、尺寸和使用及保养方法。

②逻辑清晰。按逻辑顺序组织文字，便于消费者理解。如复杂电子产品可先介绍其核心功能，再介绍辅助功能和操作设置。

③存在局限。文字描述缺乏直观性，对于视觉性强的商品，如珠宝首饰，仅凭文字难以让消费者形成具体印象。

（3）图文混合类型

①优势互补。图文混合的方式结合了图片和文字的优点。图片展示产品外观，文字补充产品功能特性等信息。如美容仪器，可先展示外观图，吸引消费者的注意，再用文字说明功能和注意事项等。

②增强说服力。图文混合类型更具说服力。图片建立初步印象，文字深入介绍，让消费者全面评估商品。如旅游产品，一般先以风景图引起消费者的兴趣，再用文字描述景点、美食和住宿条件等，增加购买可能。

③制作要点。图文搭配要协调，内容紧密相关。排版要确保视觉和谐，文字不遮挡图片上的重要元素，图片大小和位置要合理。

4.物流信息

跨境店的跨境物流成本与商品体积存在关联，而且每个站点针对商品重量以每10 g为一个梯度的计重方式制订了不同价格。因此，应尽可能精确测量包裹的长宽高和重量。如图13-7所示。

图13-7

> 注意
>
> 产品上架时确保信息完整并避免违规至关重要。在商品描述中要将商品信息补充完整。
>
> （1）含电池商品的电池信息填写。对于内含电池的商品，在上架过程中必须详细写明电池相关信息。其中包括电池容量、电压、电流等关键细节。这些信息的完整性是非常必要的，因为如果缺失，平台会将该商品视作禁运品来处理。一旦出现这种情况，商品链接将会被冻结，这会给商家带来不必要的麻烦，如影响商品销售、需要重新整理上架信息等。
>
> （2）需充电线商品的配套要求。若是商品在使用过程中需要用到充电线，那么在上架时一定要为其配上适配机型的充电设备。随着平台规则的不断完善，后续可能会针对这部分商品进行重点抽检。如果商品包裹中没有充电线，平台会对包裹进行拦截处理，而且不排除商家会收到罚单的可能性，这无疑会增加运营成本并影响商家的信誉。
>
> （3）需资质产品的上架途径。有些产品由于其特殊性，需要特定资质才能在平台上架销售。在这种情况下，商家可以寻找官方经理开具相关的许可。这一途径能够帮助商家在满足平台要求的前提下，合法合规地将产品上架销售，避免因缺乏资质而遭受处罚，如商品下架、账号限制等。

5. 销售信息 sku

（1）变体与销售属性添加（见图 13-8）。当商品存在不同变体时，可以添加新的销售属性。例如，在销售服装、鞋子等商品时，颜色和尺码是常见的销售属性。这有助于更精准地展示商品的不同版本，满足不同顾客的需求。通过明确不同的颜色选项（如红色、蓝色、黑色等）和尺码规格（如 S、M、L 码等），顾客能够更方便地找到自己想要的商品款式。

（2）价格。全球商品定价需综合考虑多种因素，包括生产成本、运输成本、市场需求、同类商品价格等。在不同的国家或地区，由于经济水平、消费习惯和市场竞争状况的差异，可能需要制订不同的价格策略。例如，在发达国家，消费者对价格的敏感度可能相对较低，更注重品牌和质量，因此可以设定相对较高的价格；而在发展中国家，价格可能需要更具竞争力，以吸引更多的消费者。

（3）库存。全球商品库存管理面临着诸多挑战，需要考虑不同地区的销售速度、补货周期、运输时间等因素。例如，一些热门商品，在销售速度较快的地区可能需要保持较高的库存水平，以避免缺货现象的发生；而在销售速度较慢的地区，则可以适当降低库存，减少库存成本。同时要确保库存数据准确以避免超售或积压，要实时更新库存信息，有效避免这些问题的发生。

（4）Seller SKU。这是卖家自定义标识（这里我们可以不填），用于对商品或变体进行唯一标识，便于库存管理、订单处理和销售分析等操作。例如，卖家可以根据自己的商品分类体系和管理需求，为不同颜色和尺码的服装分别设定不同的标识，以便更高效地跟踪和管理这些商品的库存和销售情况。

图13-8

2. 维护关键指标

商家若想让更多商品获得平台推荐流量，还需要维护店铺的评分。店铺评分查看路径："商家中心"→"账号诊断"→"店铺评分"。如图 13-9 所示。

图13-9

这些关键指标该怎么维护？如表 13-1 所示。

表13-1　关键指标维护方式

项目		操作方式
商品满意度指标维护	订单差评率	商品质量：上架前严格检测，确保质量与描述相符。选择优质供应商，保障商品源头质量。 提供准确商品详情和多角度高清图片／视频。 售后：主动收集反馈，及时处理差评，解决问题，争取顾客修改评价。
	商家责任退货退款率	商品信息与库存：确保商品信息准确，精准管理库存，避免超售缺货。 售前售后：培训客服准确回答问题，提供购买建议。简化退货退款手续，快速处理。
履约和物流指标维护	商家责任取消率	库存管理：监控库存，设置预警和安全库存，及时补货。
		订单处理：常规订单审核自动化，及时处理异常订单。
	延迟履约率	订单处理：简化流程，加强部门间协作沟通。
		物流合作：选可靠物流商，实时跟踪物流信息。
客户服务指标维护	买家投诉率	客服素质：培训客服业务知识和沟通技巧，培养服务意识。
		投诉处理：快速响应投诉，深入调查，解决问题并反馈结果。
	24 小时回复率	人力安排：根据消息流量安排客服，建立轮班制度。
		IM 消息管理：统一消息平台，设置提醒功能。

第三节　用营销活动提高并转换商城流量

在 TikTok Shop 运营中，若商品卡表现出色，具备优秀的商品标题、精美的主图、详细的商品描述以及具有竞争力的价格，同时店铺关键指标如商品满意度、商家责任取消率、延迟履约率、24 小时回复率等都维护良好，那么为商品卡进一步加强营销活动便显得尤为重要。因为优质的商品卡能够吸引消费者的关注和兴趣，良好的店铺关键指标体现了店铺的诚信经营和高效管理，为消费者提供可靠的购物保障。在此基础上开展营销活动，能够更大程度地提高商品的曝光度和销售量，从而提高商城流量。

一、参加商城活动

若想让商品大卖，务必积极报名参加商城活动！

踊跃参与商城活动，能为商品争取更多曝光机会。活动本身对用户就具有一定吸引力，而且后台的各类活动通常都带有大量曝光资源和商品补贴。平台也倾向于给活动界面更多曝光，如此一来，参与活动的商品就能被更多用户看到，进而促使购买行为的发生。

登录店铺后台，依次选择"营销中心""营销活动"，在该界面根据具体情况选择合适的商城活动。如图 13-10 所示。

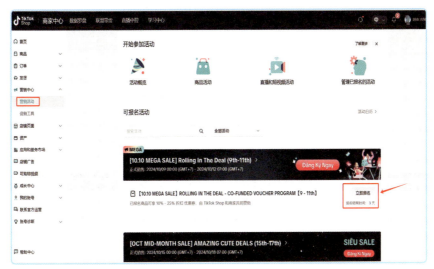

图13-10

二、促销工具

1.促销工具的作用

促销工具的使用对商城具有很大作用，比如吸收流量、提升销量、增加用户黏性。

（1）吸引流量方面

①提高商城知名度。促销工具如限时折扣、满减活动等能够吸引更多新用户的关注。当商城推出具有吸引力的促销活动时，消费者可能会因为优惠而首次访问商城。例如，一家商城推出新用户专享的五折优惠活动，这会吸引大量潜在消费者前来查看商品，从而增加商城的整体流量，提升商城在市场中的知名度。

②增加用户回访率。对于老用户来说，促销工具可以促使他们再次访问商城。定期的促销活动，如每月固定的会员日促销，会让老用户养成在特定时间访问商城的习惯。通过不断提供优惠和折扣，老用户会觉得在商城购物能够获得更多实惠，进而增加他们对商城的忠诚度和回访率。

（2）提升销售额方面

①刺激购买欲望。促销工具能够直接刺激消费者的购买欲望。例如，当看到一件心仪的商品正在进行满减活动时，如满200减50，消费者可能会为了享受优惠而增加购买金额或者购买原本不在计划内的商品。这种方式能够促使消费者更快地做出购买决策，从而提升商城的销售额。

②提高客单价。一些促销工具如组合套餐（买一送一、多件组合优惠等）可以有效提高客单价。消费者为了获得更多的优惠，可能会选择购买更多的商品。例如，商城一家化妆品店铺推出买三件送一件的活动时，消费者可能会选择购买三件不同的化妆品来获得赠品，这样就增加了单次购买的金额，进而提高商城的整体客单价。

（3）增强用户黏性方面

①营造购物氛围。促销活动可以营造出一种热闹的购物氛围。当商城中充满各种促销标识，如"特价""折扣""限量抢购"等，会让消费者感觉自己置身于一个充满机会的购物环境中。这种氛围会让消费者更愿意在商城中停留，浏览更多的商品，增加他们与商城的互动和联系。

②建立用户忠诚度。通过持续的促销运营，商城可以建立用户忠诚度。当用户在商城中经常能

够享受到优惠和良好的购物体验时，他们会对商城产生好感和信任。例如，商城为老用户提供专属的折扣码或者积分兑换礼品等促销活动，会让老用户感受到特殊待遇，从而更加忠诚于该商城，长期在商城购物。

2.初步了解促销工具

（1）登录店铺后台，选择"促销工具"选项，在该界面选择右上角" ⓘ "图标或者直接单击"了解更多"。如图 13-11 和图 13-12 所示。

图13-11

图13-12

（2）各种促销工具的作用，如表 13-2 所示。

表13-2　各种促销工具的作用

促销工具	意义
商品折扣	商品折扣是可以给商品设置折扣促销的商家营销工具，支持设置百分比折扣（如 20% 折扣）和一口价折扣（如一口价 20 美元）。
秒杀	秒杀是一个限时促销的商家营销工具，商家可对特定商品在特定时间内设置秒杀价，有限时间内用户可享受秒杀价。

（续表）

促销工具	意义
多买优惠	商家自己设置的运费优惠活动促销，需要由商家自己承担运费的全部／部分费用成本。
购物赠好礼	提供免费赠品以激励买家在单个订单中购买更多商品。
运费折扣	商家自己设置的运费优惠活动促销，需要由商家自己承担运费的全部／部分费用成本。
优惠券	优惠券是商家用来促销的营销工具之一，由商家自己承担优惠券费用成本。
商品组合促销	通过给组合商品设置折扣／一口价，引导消费者一起购买即可享受优惠的促销工具。商家可组合 2~3 个关联商品，用户需要一起购买，才能享受优惠。
促销代码	在 TikTok 和其他社交媒体平台上分享代码，以获得流量并提高转化率。

3.“商品折扣”使用方法示例

（1）依次选择“营销中心”“促销工具”“商品折扣”“创建”，在该界面选择右上角“⊚”图标或者直接单击“了解更多”。如图 13-13 所示。

图13-13

（2）在“创建商品折扣”界面，为该折扣填写“基本信息”，设置“活动名称”“活动时间段”“折扣类型”。如图 13-14 所示。

图13-14

（3）设置完基本信息之后，开始下拉依次选择"商品""选择商品"，在弹出的界面中选择准备做活动的商品，最后单击"完成"选项。如图 13-15 所示。

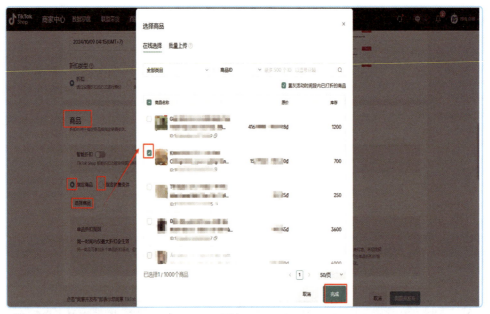

图13-15

（4）填写商品的具体折扣、限购总量、买家限购量，最后单击"同意并发布"。如图 13-16 所示。

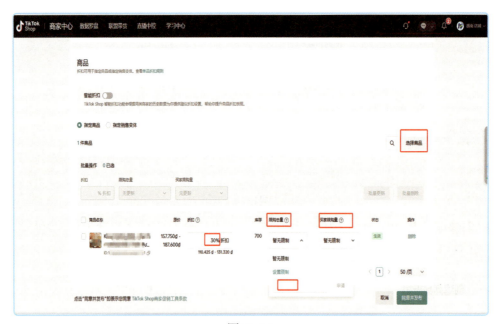

图13-16

完成"促销折扣"的活动设置之后，可以在"营销中心"→"促销工具"→"管理你的促销活动"→"查看"中查看自己的活动。如图 13-17 所示。

图13-17

可以在"查看详情"中查看活动，还可以在此界面重新编辑该活动，选择"编辑营销活动"，就可以修改活动相关内容。如图 13-18 所示。

图13-18

 **第十四章**

店铺运营之直播

第一节　直播前的准备

一、明确直播目标与主题

1.确定目标

在直播筹备初期，商家必须明确直播的目标。目标可分为多种类型：

若以提高品牌知名度为目的，直播时应着重于品牌形象的塑造与传播。通过展示品牌文化、价值观及品牌发展历程等，吸引观众关注，使其在众多品牌中对本品牌印象深刻。例如，可举办品牌历史回顾直播，邀请品牌创始人或资深员工讲述品牌发展的重要阶段及背后故事。

若目标是增加商品销量，直播时需聚焦商品展示与销售策略运用。详细介绍商品功能、特性、优势，并结合促销活动，如限时折扣、满减优惠、赠品等，激发观众购买欲望。例如，针对一款新型电子产品，主播现场演示功能，与同类产品对比分析其性价比优势，同时推出购买优惠活动。

若为与客户建立更紧密的联系，直播时应注重互动环节设计与客户关系维护。开展问答活动，倾听客户疑问和建议并及时回应解决；举办线上粉丝专属活动，如会员抽奖、粉丝互动游戏等，增强客户参与感和归属感；设置"粉丝问答时间"，解答相关问题，抽取幸运粉丝送礼品等。

2.规划主题

主题是直播的核心，应围绕目标设定。一个简洁明了且具有吸引力的主题，能让观众快速了解直播的大致内容。如在夏季新品推广活动中，"夏季新品时尚秀"主题可直观传达核心内容。直播中邀请模特展示夏季新品服装穿搭效果，搭配时尚配饰和发型，营造夏日时尚氛围。主播详细介绍新品设计理念、面料特点和适用场景。"年终大促狂欢"主题明确传达年终促销信息。直播时设置限时秒杀、整点抽奖、大额优惠券发放等促销环节，营造购物氛围。展示商品分类，突出优惠力度和性价比，吸引观众下单抢购，以实现处理库存商品目标。

总之，明确的直播目标和精心规划的主题是直播成功的关键，二者相互关联、支撑，为直播活动顺利开展和目标实现奠定基础。

二、选品与商品准备

1.选品策略

在筹备直播活动时，选品策略的制定至关重要，它直接关系到直播的效果以及能否达成预期目标。选择适合直播推广的商品需要综合考量多个因素，以下是一些关键要点：

（1）热门程度。关注当下市场的流行趋势以及消费者的普遍需求，挑选那些具有较高热度的商品。热门商品往往更容易吸引观众的注意力，因为它们已经在市场上引起了一定的关注和讨论。例如，在某个时期，某种特定风格的美妆产品可能因为社交媒体上的美妆博主推荐而备受追捧，成为热门商品。将这类热门美妆产品选入直播推广清单，能够借助其热度吸引更多目标受众进入直播间，提高直播间的人气。

（2）利润空间。商品的利润空间是商家在选品时必须考虑的经济因素。直播推广需要投入一定的人力、物力和时间成本，因此所选商品应具备足够的利润空间，以确保在扣除各项成本后，商家仍能获得合理的利润。不同类型的商品其利润空间存在差异，比如一些高端电子产品，虽然单价较高，但研发、生产和营销成本也相对较高，其利润空间可能相对有限；而某些特色手工艺品，由于其独特的制作工艺和相对较低的生产成本，可能拥有较为可观的利润空间。商家需要根据自身的经营状况和营利目标，合理评估商品的利润空间，选择既能满足市场需求又能保证盈利的商品进行直播推广。

（3）与目标受众的匹配度。了解目标受众的特征、喜好和需求是选品成功的关键。不同的受众群体对商品有着不同的偏好，因此要确保所选商品与目标受众高度匹配。例如，当目标受众是以年轻女性为主的群体时，要考虑她们对美妆、时尚服饰等商品的浓厚兴趣。美妆产品能够满足她们追求美丽、提升外在形象的需求，时尚服饰则可以让她们展示个性、紧跟时尚潮流。所以，针对这一受众群体，选择美妆和时尚服饰等商品进行直播推广，能够更好地迎合她们的喜好，提高购买转化率。如果进行直播推广目标受众较为广泛，涵盖了不同年龄、性别和消费层次的人群，那么选择家居用品等大众消费品则是较为明智的选择。因为家居用品是人们日常生活中不可或缺的一部分，几乎每个人都有购买需求，这样可以覆盖更广泛的受众，吸引更多观众进入直播间，并有可能促成购买行为。

2. 商品检查

在确定了直播推广的商品后，对商品进行全面细致地检查是必不可少的环节，这是确保直播顺利进行以及维护商家信誉的重要举措。

（1）库存充足。确保所选商品的库存能够满足直播期间可能产生的购买需求。如果在直播过程中出现商品缺货的情况，不仅会让观众失望，导致购买转化率下降，还可能影响商家的声誉。因此，在直播前要准确统计商品的库存数量，根据以往的销售数据、市场需求预测以及直播推广的力度等，合理预估直播期间的销售量，并确保库存数量大于或等于预估销售量。

（2）质量合格。商品质量是商家的生命线，也是赢得消费者信任的关键。在直播前，要对商品进行严格的质量检查，确保所展示和销售的商品质量合格，符合相关的质量标准和行业规范。对于不同类型的商品，质量检查的重点也有所不同。例如，对于服装类商品，要检查其面料的质感、颜色的色牢度、剪裁的精准度以及是否有瑕疵等；对于电子产品，要检查其功能是否正常、运行是否稳定、外观是否有划伤等。只有确保商品质量合格，才能在直播中自信地向观众展示和推荐商品，避免因质量问题引发消费者投诉和纠纷。

（3）深入了解商品特点、功能、使用方法等。主播及相关工作人员需要对商品的特点、功能、使用方法等有深入透彻的了解。只有这样，才能在直播过程中准确、详细地向观众介绍商品，解答观众的疑问，让观众充分了解商品的价值和优势。对于一些复杂的商品，如高端电子产品或专业美容仪器，可能需要提前接受培训，熟悉其各项功能和操作流程。例如，一款具有多种拍摄模式的智能手机，主播不仅要知道如何切换拍摄模式，还要了解每种拍摄模式的特点、适用场景以及如何通过设置参数来获得更好的拍摄效果。同时，要准备好相关的说明资料，如产品手册、操作指南等，以便在直播过程中随时查阅，为观众提供更准确、更全面的信息。

（4）准备好商品的展示道具。为了增强商品的视觉效果，吸引观众的目光，提高商品的展示质量，需要准备好相应的商品展示道具。展示道具的选择要根据商品的类型和特点来确定。例如，对于电子产品，可以选择展示台、充电器、耳机等配套道具，将产品放在展示台上，连接好充电器和耳机，展示其完整的使用状态。通过合理使用展示道具，可以使商品在直播中更加醒目、吸引人，提升观众对商品的购买欲望。

三、设备与场景布置

设备与场景布置直接影响直播的画面质量、氛围营造和观众的观看体验，对直播而言至关重要。

1.设备选择

（1）摄像头。摄像头的质量极大地影响着直播画面的清晰度、稳定性以及色彩还原度。专业直播建议选择高清摄像头，要求其能提供 1080p 及以上的高清画质。若使用手机直播，需确保手机摄像头像素较高，同时使用手机支架固定，防止画面晃动。在一些需要展示细节的直播中，高清稳定的画面能让观众清晰地看到商品的纹理、质地等，提升观看体验。

（2）麦克风。为保证声音清晰，减少环境噪声干扰，可使用外置麦克风。一般要求麦克风具有低噪、高灵敏度的特点，能在嘈杂环境中清晰采集主播声音。对于户外直播，还需考虑麦克风的防风功能。清晰的声音能让观众更好地理解主播的讲解，增强直播的互动效果。

（3）电脑或手机。电脑或手机是直播的核心设备，负责运行直播软件、处理图像和声音数据等。使用电脑直播时，电脑性能要足够强大，一般至少需要英特尔酷睿 i5 处理器、8GB 内存、独立显卡等配置，以流畅运行直播软件和处理高清视频流。手机直播则要确保手机性能良好，电池续航能力强，有足够的存储空间存储直播过程中产生的视频文件等。在直播过程中，若设备性能不足，可能导致直播卡顿、画面模糊或声音延迟等问题，影响直播质量。

2.场景布置

（1）背景选择。背景的颜色和图案应简洁明了，避免过于复杂的背景分散观众注意力。根据直播主题和商品类型选择不同背景，如美妆直播常用白色或淡粉色等背景营造柔和清新、温馨优雅的氛围；家居用品直播选择温馨家庭场景背景，如客厅、卧室等背景图片或实景展示商品使用场景。合适的背景能增强直播的视觉效果，使商品更突出。

（2）灯光设置。灯光是营造氛围和提升画面质量的重要因素。一般需设置主光、辅助光和背景光。主光照亮主播和商品主要区域，通常放置在主播前方偏左或偏右位置避免阴影；辅助光补充主光未照亮区域，如主播侧面或商品细节部分，放在主光相反方向；背景光照亮背景区域，使背景与主播和商品区分开，避免背景过暗或过亮影响整体效果。例如美妆直播中，白色柔光灯作主光置于主播前方偏左 30°，黄色柔光灯作辅助光在前方偏右 30°，蓝色柔光灯作背景光置于主播身后，可营造出良好的光影效果，突出主播和美妆产品。

（3）道具摆放。道具摆放需根据直播主题和商品类型合理安排。道具不仅能增强商品视觉效果，还可辅助说明商品。家居用品直播中，按功能或风格分类摆放商品，如餐具、床上用品等，并摆放鲜花、绿植等装饰道具营造温馨舒适的生活氛围；时尚服饰直播将服装挂在展示架上，鞋子、包包等配饰放在展示台，搭配时尚杂志、模特人台等道具营造时尚的展示氛围。精心布置的道具能让观众更直观地感受商品特点和使用场景，提高购买欲望。

四、主播选拔与培训

1.选拔主播

在直播中，主播起着至关重要的作用，犹如桥梁连接着商家与观众。因此，选拔合适的主播是直播成功的关键一步。

（1）能力要求

①表达能力强。主播需要具备清晰、流畅且富有感染力的表达能力，能够准确地传达信息，吸引观众的注意力，并引导观众参与互动。他们应能够用简洁明了的语言介绍商品的特点和优势，使观众易于理解。例如，在介绍一款电子产品时，主播能够清晰地阐述其各项功能及操作方法，让即使是对该产品不太熟悉的观众也能迅速了解产品的核心价值。

②熟悉商品和直播流程。主播应对所推广的商品有深入的了解，包括商品的成分、功效、使用方法、售后服务等方面的详细信息。只有这样，在直播过程中才能准确地回答观众的提问，解决观众的疑虑，增强观众对商品的信任。同时，熟悉直播流程也是必不可少的，主播要知道如何合理安排直播环节，把握直播节奏，确保直播的顺利进行。

③外语能力或跨文化交流能力（跨境直播）。对于跨境直播，主播需要具备一定的外语能力，能够与国外观众进行有效的沟通。此外，跨文化交流能力也尤为重要，主播要了解不同国家和地区的文化差异、消费习惯和审美观念，以便更好地适应和满足国外观众的需求。例如，在向欧美观众介绍中国传统工艺品时，主播要能够用恰当的方式解释其文化内涵和制作工艺，同时考虑到欧美观众的审美偏好和消费心理，进行有针对性的推广。

（2）人员来源

①商家自己的员工。商家内部的员工对自家商品和品牌文化有更深入的了解，他们能够更好地传达品牌理念和产品价值。而且，员工对公司的忠诚度相对较高，更容易与公司的团队协作，共同推动直播业务的发展。例如，品牌方的销售人员可能对产品的特点和销售技巧非常熟悉，经过一定的直播培训后，能够成为优秀的主播。

②聘请的专业主播。专业主播通常具有丰富的直播经验和较高的人气，他们在直播技巧、互动能力和吸引观众方面有着独特的优势。聘请专业主播可以借助他们的影响力和专业能力，迅速提升直播的受关注度和销售效果。然而，商家在聘请专业主播时，需要对其进行全面的考察，确保其风格和形象与品牌相符，并且能够认真负责地推广商品。

2.主播培训

（1）商品知识培训。商品知识是主播在直播中进行有效推广的基础。通过深入的商品知识培训，主播能够全面了解商品的各项细节，从而为观众提供专业、准确的信息。

①成分与功效。主播要清楚商品的组成成分，以及这些成分的功效。对于美妆产品，主播需要了解各种成分对皮肤的作用，如保湿、美白、抗皱等功效的原理；对于食品，要知道其成分的营养价值和对健康的影响。例如，介绍护肤品时，主播要详细说明其中的主要成分及其对不同肤质的改善效果，便于观众根据自己的需求做出选择。

②使用方法。主播要熟练掌握商品的使用方法，并能够以简单易懂的方式向观众演示。例如，在介绍一款智能家电时，主播要现场演示如何通过手机 App 控制设备，以及各种功能的使用场景，让观众直观地感受到商品的便利性。

③售后服务。了解商品的售后服务政策对于主播来说也非常重要。主播要清楚地知道商品的退换货政策、保修期限、客服联系方式等信息，以便在观众提出相关问题时能够及时准确地回答。这不仅可以增强观众的购买信心，还能提高客户满意度。例如，当观众询问购买的商品出现质量问题如何解决时，主播要能够迅速告知观众退换货的流程和方式，让观众感受到购买的保障。

（2）直播技巧培训。直播技巧是主播吸引观众、提高直播效果的关键。通过系统的直播技巧培训，主播能够更好地与观众互动，提升直播的趣味性和吸引力。

①开场技巧。一个好的开场能够迅速吸引观众的注意力，激发他们的兴趣。主播可以学习如何通过独特的自我介绍、有趣的话题或精彩的活动预告来开场。例如，主播可以在开场时说："亲爱的观众朋友们，大家好！今天我将为大家带来一场前所未有的直播盛宴，我们有超多惊喜和福利等着大家哟！首先，让我来给大家介绍一款超级好用的 [商品名称]……"

②互动技巧。与观众的互动是直播的核心环节之一。主播要学会如何积极回应观众的留言和提问，引导观众参与讨论和互动。例如，主播可以定期开展问答活动，抽取幸运观众回答问题并给予奖励；或者发起投票、话题讨论等互动形式，让观众参与到直播中来。同时，主播还要注意语言表达和语气，保持热情、亲切的态度，让观众感受到关注和尊重。

③商品介绍技巧。如何生动有趣地介绍商品是直播技巧培训的重点内容。主播可以运用比喻、对比、案例等方法，让商品的特点和优势更加突出。例如，在介绍一款手机时，主播可以说："这款手机的拍照功能就像一台专业相机，它的像素高达 [X] 万，能够拍摄出非常清晰、细腻的照片。而且，它的夜景拍摄效果更是惊艳，就像在黑暗中为你点亮一盏明灯，让你轻松记录美好瞬间。相比其他同价位的手机，它的性能强大，运行速度快，能流畅无阻地使用各种 App……"

④突发情况处理技巧。直播过程中可能会遇到各种突发情况，如网络故障、技术问题、观众的负面评价等。主播需要学习如何冷静应对这些突发情况，保持直播的正常进行。例如，当遇到网络故障导致直播卡顿或中断时，主播可以及时向观众说明情况，并采取一些应急措施，如切换网络、重新连接设备等。同时，主播要学会以积极的态度处理观众的负面评价，避免与观众发生冲突，能通过合理的解释和沟通来化解矛盾。

（3）形象与礼仪培训。主播的形象和礼仪直接影响观众对直播的观感和印象。良好的形象和礼仪能够提升主播的专业度和亲和力，为其赢得观众的信任和喜爱。

①着装。主播的着装要根据直播的主题和商品类型进行选择，既要符合时尚潮流，又要得体大方。例如，在美妆直播中，主播可以选择一些时尚、亮丽的服装，展现出自己的审美品位。同时，主播还要注意服装的颜色搭配和整洁度，避免穿着过于花哨或邋遢的服装。

②妆容。合适的妆容能够提升主播的气质和形象，让主播在镜头前更加自信和美丽。妆容的风格要与直播的主题和氛围相匹配。例如，在生活类直播中，可以选择一些自然、清新的妆容，让观众感觉更加亲切。

③肢体语言。肢体语言是主播与观众沟通的重要方式之一。主播要注意自己的姿势、动作和表

情，保持自然、大方、得体。例如，在介绍商品时，可以运用一些手势来辅助说明，增强表达的效果；在与观众互动时，要保持微笑，眼神交流要真诚，让观众感受到主播的热情和友好。

④礼貌用语。使用礼貌用语是主播基本的礼仪要求。主播要始终保持礼貌、谦逊的态度，尊重观众的意见和建议。在直播过程中，要经常使用"请""谢谢""对不起"等礼貌用语，例如，在回答观众问题时说："谢谢您的提问，这款商品的特点或优势是……"在请求观众点赞或关注时说："请大家帮我点个赞哟，谢谢大家的支持！"礼貌用语的使用不仅能够提升主播的形象，还能营造良好的直播氛围，让观众更愿意参与互动。

五、营销推广与预热

在直播的筹备过程中，营销推广与预热环节至关重要，它直接关系到直播的受关注度和参与度，是直播成功的重要保障。

1.制作宣传物料

制作直播的宣传海报、短视频等物料，物料中要包含直播的时间、主题、优惠信息等关键内容。

（1）宣传海报。宣传海报是直播宣传的重要视觉载体，应精心设计以吸引观众的目光。海报设计要简洁明了，突出重点信息。在布局上，将直播的主题置于显著位置，采用醒目的字体和色彩进行展示，确保观众一眼就能了解直播的核心内容。例如，对于一场"夏日美妆狂欢节"的直播，可使用清新亮丽的色彩搭配，如蓝色和粉色，营造出夏日的活力氛围，将"夏日美妆狂欢节"几个字以富有艺术感的字体突出显示。同时，在海报上要清晰标注直播的时间，需精确到具体的日期和时刻，让观众能够提前做好观看准备。例如，"7月15日晚上8点，准时开启"，字体大小和颜色要与主题相协调，既不突兀又能清晰可读。优惠信息也是海报中不可或缺的部分，如"全场商品5折起""买一送一"等，要用显眼的图标或颜色突出显示，吸引观众的购买欲望。此外，还可以在海报上添加主播的形象照片或直播商品的图片，增加海报的吸引力和信息量。

 直播策略中主播选择的差异影响

一、TikTok 主账号主播每天定时直播

1.宣传物料

因直播规律且受众稳定，宣传物料投入少。通常在主账号界面发固定直播时间表，如"每天[具体时间]，精彩不断，准时开播！"偶尔制作用主播形象配主题关键词的简洁图片预告，通过 TikTok 动态或故事发，重点是传达基本直播信息，无须复杂精细制作。

2.直播间设置

（1）背景简洁舒适有主题，美妆直播间设简约化妆台摆产品，知识分享直播间设书架或写字板营造氛围，颜色风格协调，确保主播突出且视觉效果好。

（2）灯光用柔光灯为主光源，避免阴影反光，根据时间和氛围调亮度色温，白天亮些，晚上以暖色调为主，保证光照自然，提升直播效果。

（3）选合适麦克风，防杂音回声，确保声音清晰稳定，提升观看体验。

（4）稳定的网络连接是关键，确保宽带够，提前测试优化，建议使用有线网络来减少波动卡顿，备好备用网络，如移动热点，出现网络故障时能及时切换，保障直播不间断。

二、邀请明星直播

1.宣传物料

（1）明星直播时宣传物料至关重要。首先要精心设计海报，一般以明星形象为核心并结合直播主题设计，配以高质量照片、独特排版和吸引人的文案，如"[明星名字]降临[直播主题]！[具体时间]，锁定直播间！"。

（2）制作精彩短视频，内容要含明星期待话语、产品活动介绍、有趣互动片段等，需经专业剪辑后增加特效增趣吸睛，加热门话题标签提高曝光度，借明星社交媒体账号推广，吸引潜在观众。

（3）策划预热活动，如在社交媒体发起相关话题讨论，鼓励粉丝参与，举办抽奖并设置明星签名产品、周边等奖品，提高关注度和参与度。

2.直播间设置

（1）打造豪华独特背景，依主题和明星风格定制，时尚类直播间搭舞台场景设走秀台、绚丽灯光和大屏幕展示细节，突出明星魅力和专业感，注重细节，体现高端品质风格，营造震撼视觉效果。

（2）配备顶级音频视频设备，高清摄像机配专业镜头稳定器捕捉明星细微表情动作，提供优质视觉体验，音频用专业设备保证声音清晰动听，增强沉浸感，多次调试测试以防技术故障。

（3）安排专人负责技术支持和现场调度，技术团队提前测试演练网络、设备兼容性等，现场人员关注情况处理突发问题，与明星团队沟通协作，保证直播顺利进行的同时兼顾明星体验。

（4）设计独特互动环节和道具，增加趣味性和互动性，引导明星与观众互动，如弹幕提问、抽奖、小游戏等。准备明星定制产品、限量版周边作奖品，提升观众参与热情和期待值。

总之，TikTok 主账号主播定时直播和明星直播在宣传物料制作和直播间设置方面差异大。依不同主播制定策略，能实现最佳效果，实现品牌推广等目标。实际操作要考虑主播特点、受众需求和直播目的，灵活调整策略，精心筹备执行，适应市场变化和观众期望。

（2）短视频。短视频作为一种生动、形象的宣传方式，能够更直观地展示直播的亮点和特色。在制作短视频时，要注重内容的创意和趣味性。开头部分要迅速抓住观众的注意力，可以采用一些引人入胜的场景或问题导入，如展示一款热门商品的神奇效果，激发观众的好奇心。接着，在视频中详细介绍直播的时间、主题和优惠信息，时间和主题的呈现方式要简洁明了，如同宣传海报一样，让观众能够快速获取关键信息。优惠信息的展示可以通过具体的商品示例和价格对比来体现，例如展示原价和直播价的差异，让观众直观感受到优惠力度。同时，在短视频中可以穿插一些主播的片段，让观众提前熟悉主播的风格和魅力。视频的结尾部分，要引导观众关注直播并设置提醒，例如添加字幕"记得关注我们，7 月 15 日晚上 8 点，直播不见不散！点击右上角设置提醒哟"，并配上相应的箭头指示和动画效果，方便观众操作。

2.社交媒体推广

利用 TikTok 和其他社交媒体平台（如 Instagram、Facebook 等）以及商家自己的官网、邮件列表等渠道进行直播预热。

（1）TikTok 平台推广。TikTok 作为当下热门的社交媒体平台，拥有庞大的用户群体和高度的活跃度，是直播预热的重要渠道之一。在 TikTok 上发布直播预告短视频时，要充分利用平台的特点和功能，提高视频的曝光度。首先，选择合适的热门话题标签，这些标签是用户搜索和发现内容的重要依据。例如，一场美妆直播，可以使用与美妆相关的热门标签，如"＃美妆教程""＃夏日妆容""＃直播带货美妆"等，同时也可用一些当下流行的话题标签，如"＃热门趋势""＃时尚潮流"等，扩大视频的覆盖范围。在视频的标题和描述中，也要巧妙融入相关话题关键词，增加视频被搜索到的概率。此外，可以与一些 TikTok 上的知名美妆博主或达人合作，让他们帮忙转发直播预告短视频，借助他们的粉丝影响力，吸引更多潜在观众关注直播。还可以参与 TikTok 的直播预热挑战活动，根据活动主题制作相关短视频，提高视频的热度和关注度。

（2）其他社交媒体平台推广。除了 TikTok，还可以利用其他社交媒体平台进行直播预热，如 Instagram、Facebook 等。在这些平台上发布宣传物料时，要根据平台的特点和用户群体进行有针对性的调整。例如，Instagram 以图片和短视频为主，注重视觉效果和时尚感。可以制作精美的图片宣传海报，搭配简洁有吸引力的文字说明，发布在 Instagram 的动态或故事中。同时，利用 Instagram 的标签功能，选择与直播主题和商品相关的热门标签，如"#时尚穿搭""#直播购物""#家居装饰"等，提高帖子的曝光度。在 Facebook 上，可以创建直播活动界面，详细介绍直播的时间、主题、内容和优惠信息，并邀请好友和粉丝点赞、分享。还可以在相关的兴趣小组或社区中发布直播预告帖子，吸引目标受众的关注。此外，利用社交媒体平台的广告投放功能，如 Facebook Ads、Instagram Ads 等，可以精准定位目标受众，投放直播预告广告，增强宣传效果。

（3）商家自己的官网和邮件列表推广。商家自己的官网是展示品牌形象和产品信息的重要平台，也是直播预热的重要渠道之一。在官网首页显著位置展示直播预告信息，包括直播的时间、主题和优惠信息，并设置链接引导用户进入直播界面。同时，可以在网站的其他界面，如产品详情页、博客文章页等，添加直播预告的弹窗或横幅广告，提高用户的关注度。利用邮件列表向老客户和订阅用户发送直播预告邮件。在邮件中，可以包含直播的宣传海报和短视频链接，方便用户查看。同时，鼓励用户将直播信息分享给身边的朋友，扩大直播的影响力。例如，在邮件中添加"分享给好友"按钮，用户点击后可以直接将邮件转发给其他人，让用户可以方便地将直播信息分享到社交媒体平台上。

3.设置提醒功能

为了确保观众不会错过直播，引导观众在 TikTok Shop 上设置直播提醒是非常重要的。在直播预告短视频、宣传海报和其他宣传物料中，都要明确提示观众如何设置直播提醒。在 TikTok 平台上，观众可以通过点击直播预告短视频中的"设置提醒"按钮，或者在 TikTok Shop 中找到相应的直播界面，点击"提醒我"按钮来设置直播提醒。当直播开始时，观众会收到系统推送的通知，提醒他们进入直播间观看直播。此外，还可以在直播开始前一段时间，通过短信或邮件的方式再次提醒观众设置直播提醒，确保他们能够准时参与直播。例如，在直播开始前一天或几个小时，向已经关注直播或表示感兴趣的观众发送短信或邮件，内容可以是"亲爱的朋友，别忘了设置直播提醒哟！明天晚上 8 点，我们将为您带来一场精彩的直播！期待您的参与"，并附上直播链接和设置提醒的方法，提高观众的参与度。

第二节　直播中的操作与技巧

一、直播开场

1.吸引观众的注意力

（1）热情问候与有趣的开场白。直播开场时，主播的热情问候是营造良好氛围的第一步。例如，主播可以用充满活力的声音说："亲爱的小伙伴们，大家好呀！欢迎来到今天精彩纷呈的直播现场，我是你们的主播[名字]，今天可真是个特别的日子，因为我们即将一起开启一段奇妙的购物之旅哟！"通过这种亲切且富有感染力的问候，让观众感受到主播的热情和对他们的欢迎，从而拉近与观众的距离。

有趣的开场白能够迅速抓住观众的好奇心。比如，主播可以说："嘿，朋友们！你们知道吗？今天我在准备直播的时候，发现了一个超级神奇的东西，等会儿就给大家揭晓，保证让你们眼前一亮！现在，让我们正式开始今天的直播吧。"这样的开场白设置了一个悬念，能引起观众的兴趣，促使他们留下来观看直播。

（2）展示引人注目的商品。主播可以在开场时直接展示一款具有视觉冲击力的商品。例如，如果是一场美妆直播，主播可以拿起一款包装精美的新款口红，说："大家看，这就是今天要给大家重点介绍的一款口红，它的颜色简直美炸了！就像夜空中最闪亮的星星一样耀眼。想象一下，当你涂上它，瞬间就能成为人群中的焦点。现在，让我们一起来详细了解一下它的魅力所在吧。"通过对商品的生动描述和展示，吸引观众的目光，让他们对商品产生兴趣，进而专注于直播内容。

直播话术可以根据我们直播的站点所在地翻译成当地语言，让主播说当地语言。

2.介绍直播主题和流程

简单明了地向观众介绍直播的主题和大致流程，让观众对接下来的直播内容有一个初步的了解。

（1）主题阐述。主播要用简洁明了的语言向观众介绍直播的主题。例如："今天我们的直播主题是'时尚家居好物分享'，在接下来的时间里，我会为大家展示一系列实用又美观的家居用品，帮助大家打造一个温馨舒适的家。"或者："本次直播聚焦'夏季美妆秘籍'，我将和大家一起探索如何在炎炎夏日保持美丽妆容，分享一些热门的美妆产品和实用的化妆技巧。"这样能让观众一听就明白直播的核心内容是什么。

（2）流程说明。阐述主题后向观众介绍直播的大致流程，让他们对直播的节奏和内容安排有一个初步的了解。可以这样说："接下来，我会先给大家介绍几款我们精心挑选的主打产品，然后会有一些产品的试用演示和互动环节，最后还会有让你惊喜的优惠活动和抽奖环节哟！大家千万不要错过。"或者说："我们的直播流程是这样的，首先我会整体介绍今天的家居系列产品的特点和风格，然后会对几款重点产品进行详细的讲解和展示，中间会穿插一些用户提问和解答的时间，最后会为大家提供购买这些产品的优惠信息和方式。希望大家在这个过程中能够积极参与，有任何问题可以随时在弹幕里留言哟。"这样清晰的流程说明可以让观众更好地跟上直播的节奏，提高他们的参与度和观看体验。

二、商品展示与介绍

1.全方位展示商品

（1）外观展示。主播要将商品的外观清晰地展示给观众，从不同角度展示商品的整体造型和设计风格。例如，对于一款时尚手袋，主播可以先向观众展示手袋正面，让观众看到手袋的正面设计、品牌标识等；然后将手袋侧放，展示侧面的线条和厚度；再将手袋背面对准镜头，展示背面的细节，如口袋设计、拉链位置等。在展示过程中，主播可以适当转动手袋，让观众能够全方位地观察手袋的外观。

（2）细节展示。注重展示商品的细节部分，这些细节往往能够体现商品的品质和特色。对于手袋，可以展示手袋的材质纹理，如皮革的纹理、质感，或者布料的编织方式等；展示拉链的质量，拉动拉链，让观众看到拉链的顺滑程度和牙齿的紧密程度；展示手袋的缝线，观察缝线是否均匀、细密，这反映了手袋的制作工艺。对于电子产品，可以展示产品的接口、按键等细节部分，介绍其功能和设计特点。

（3）功能展示。如果商品有特殊功能，主播要详细展示其功能特点和使用效果。例如，对于一款智能手表，主播可以展示手表的各种功能界面，如时间显示、运动监测数据、消息提醒等功能，并现场演示如何使用这些功能。例如，介绍吸尘器时，主播可以现场试用吸尘器，展示其强大的吸力，清理不同类型的垃圾时的效果，让观众直观地看到吸尘器的清洁效果。

（4）搭配展示。对于一些可以搭配使用的商品，如服装、饰品等，主播可以进行搭配展示，展示商品在不同搭配场景下的效果。以时尚手袋为例，主播可以将手袋背在身上，搭配不同的服装风格，如休闲装、正装、晚礼服等，展示手袋在不同场合的适用性和搭配效果，为观众提供更多的搭配灵感。

2.生动讲解商品特点

（1）语言生动形象。用生动、形象的语言讲解商品的特点和优势，让观众更容易理解，避免使用过于专业和生硬的术语。例如，介绍一款护肤品时，可以说："这款面霜就像给你的肌肤穿上了一层柔软的丝绸睡衣，它含有珍贵的天然成分，能够温柔地呵护你的肌肤，让肌肤像喝饱了水一样，变得水润光滑有弹性。"或者说："这款洗发水的香味清新宜人，让你仿佛漫步在花海中一样。它能够深层清洁你的头发，同时滋养发根，让你的秀发变得柔顺发亮，仿佛自带光环。"

（2）对比突出优势。与其他同类商品进行对比，突出自己商品的独特之处。例如，在介绍一款智能音响时，可以说："与其他普通音响相比，我们这款智能音响不仅音质出色，而且它具有强大的智能语音交互功能。你可以通过语音指令让它播放音乐、查询天气、讲故事等，非常方便快捷。就像你身边有一个贴心的小助手一样，能随时随地满足你的需求。而其他一些音响可能在智能功能方面就没有这么强大和便捷了。"通过对比，让观众更清楚地认识到商品的优势，从而增加购买的欲望。

3.现场演示使用方法

（1）操作步骤清晰。如果需要演示商品的使用方法，主播要现场进行操作演示，并且将操作步骤清晰地展示给观众。例如，对于一款厨房小电器，如榨汁机，主播可以先将榨汁机的各个部件展示给观众，介绍其名称和功能，然后按照正确的安装顺序将部件组装好。接着，准备好要榨汁的水果，将水果切成适当的大小，放入榨汁机中，一边操作一边讲解每个步骤的注意事项，如水果的投放量、榨汁机的运行时间等。最后，将榨好的果汁倒入杯子中，展示果汁的成品效果，并邀请现场的工作人员或助手品尝，分享口感和感受。

（2）强调实用性。在演示过程中，要强调商品的实用性，让观众看到商品在实际生活中的应用价值。例如，演示一款智能家居摄像头时，主播可以现场展示如何通过手机 App 连接摄像头，调整摄像头的角度和焦距，查看实时监控画面等。同时介绍一些实际的使用场景，如用于家庭安防，照看老人、小孩及宠物等，让观众明白购买这款商品能够为他们的生活带来便利和安全保障。

4.互动环节

（1）回答观众提问。及时回答观众提出的关于商品、直播优惠等方面的问题。主播要保持耐心和热情，回答问题要简洁明了。例如，观众问某款商品是否适合敏感肌肤，主播可以回答："这款商品是专门为敏感肌肤设计的，它采用了温和无刺激的配方，不含刺激性成分，经过了严格的皮肤测试，你可以放心使用。而且，我们很多肌肤敏感的用户使用后都反馈效果非常好哟。"如果观众对商品的尺寸、颜色等有疑问，主播要准确地提供相关信息，并通过展示商品的尺寸对比图或不同颜色的实物样品，帮助观众更好地理解。

（2）开展互动活动。在直播过程中可以开展一些互动活动，如抽奖、问答竞赛等，以提高观众的参与度。例如，主播可以说："现在我们来进行一个小抽奖，只要在评论区留言说出你最喜欢的商品，就有机会赢得我们的大奖哟！我们会在直播结束后抽取 [X] 位幸运观众，送出我们的精美礼品。大家赶紧行动起来吧！"或者开展问答竞赛活动，主播提出一些与商品相关的问题，如商品的特点、使用方法等，让观众在评论区回答，第一个回答正确的观众可以获得奖励。这样的互动活动可以增加观众的参与感和直播的趣味性，让直播间的氛围更加活跃。

（3）引导观众关注和分享。主播要适时地引导观众关注 TikTok Shop 账号、分享直播链接。例如，主播可以说："如果你觉得我们的直播很有趣，记得关注我们的账号，这样你就可以随时了解我们的最新商品和优惠信息。同时，也请分享给你的朋友哟，让更多的人一起参与到我们的直播中来，一起享受购物的乐趣。你的每一次关注和分享都是对我们最大的支持，谢谢大家！"可以在直播画面中适时展示关注账号和分享链接的操作方法，方便观众进行操作。

通过以上全面的商品展示与介绍以及互动环节的设置，能够更好地与观众进行沟通和交流，提高观众对商品的了解和兴趣，从而促进商品的销售和直播的效果。在直播过程中，主播要根据观众的反馈和互动情况，灵活调整节奏和内容，确保直播的顺利进行和观众的良好体验。

三、营造直播氛围

1.控制直播节奏

（1）合理安排各环节时间

①商品介绍。主播要根据直播的内容和观众的反应，合理控制每个环节的时间。例如，在商品介绍环节，对于重点商品可以适当延长介绍时间，但也要注意避免过于冗长，导致观众失去耐心。一般来说，一款商品的介绍时间可以控制在 5~10 分钟，包括外观展示、特点讲解、使用方法演示等。对于一些简单的商品或者观众已经比较熟悉的商品，可以适当缩短介绍时间。

②互动环节。不能过于频繁地打断商品介绍的节奏，但也不能让互动环节过于稀少，导致观众参与度降低。可以每隔 15~20 分钟开展一次互动活动，如回答观众问题、进行抽奖等，让观众在了解商品的过程中有机会参与互动，保持他们的注意力和兴趣。

（2）把握讲解速度和节奏

①语速。主播在讲解商品时，要注意语速适中，既不能太快让观众听不清楚，也不能太慢导致直播节奏拖沓。可以根据商品的复杂程度和重要性，适当调整讲解速度。对于一些关键的信息，如商品的优势、使用方法等，可以放慢语速，重点强调，让观众能够更好地理解。

②节奏变化。要注意节奏的变化，避免单调。可以通过提问、互动、展示商品的不同角度等方式，增加直播的节奏感。例如，在介绍一款电子产品时，可以先展示产品的外观，然后提出一些问题，如："大家猜猜这款产品有哪些独特的功能？"以此引发观众的思考和互动，接着详细介绍产品的功能，这样可以让观众更加投入地观看直播。

2.使用合适的背景音乐和特效

（1）背景音乐的选择。根据直播的主题和氛围选择合适的背景音乐至关重要。在时尚类直播中，可以选择时尚动感的音乐，如流行的电子音乐、节奏感强的摇滚乐等，这些音乐能够营造出时尚、有活力的氛围，与时尚产品的风格相契合。例如，在展示时尚服装的走秀环节，可以播放一些节奏明快的 T 台音乐，增强展示的效果，让观众感受到时尚的魅力。同时音乐的音量要适中，不能过大掩盖主播的声音，也不能过小起不到营造氛围的作用。主播可以在直播前进行多次调试，确保音乐和主播声音的比例合适，让观众既能清楚地听到主播的讲解，又能感受到背景音乐所营造的氛围。

（2）特效的运用。特效可以用来增强商品展示的效果或者营造特殊的氛围。例如，在展示商品的细节时，可以使用放大特效，让观众更清晰地看到商品的材质纹理、做工等细节。特效的使用要适度，不能过于频繁或夸张，以免影响观众的观看体验。主播要根据直播的实际情况，巧妙地运用特效，提升直播的质量和效果。

四、脚本话术

表 14-1 列举了一些直播的脚本话术，这些话术是非常重要的，能够帮助主播更好地控制直播的节奏，吸引观众的注意力，并且有效地传达产品的信息。然而，当我们在实际应用这些话术的时候，需要注意一些关键要点。我们要把这些话术换成当地的语言，这样可以更好地与当地的观众进行沟通和交流，让他们更容易理解我们所传达的内容。同时，我们还需要结合自己的产品特点来对这些话术进行调整和优化。每个产品都有它独特的卖点和优势，我们要巧妙地运用这些话术，将自己产品的独特之处展现出来，让观众能够清晰地认识到我们的产品为什么值得他们购买。只有这样，我们才能在直播中更好地推广我们的产品，提高产品的销售量，实现我们的商业目标。

表14-1　脚本话术

步骤	目的	时间（语速要紧凑）	具体需要做的	商品名：智能健康手环	动作配合
1	聚人	开场或款式过渡（2分钟内）	活动热场：介绍今天直播的优惠活动（秒杀/优惠券/送礼）引导点赞、互动、加小黄车、加关注	今天智能健康手环超值优惠！ 购买手环即送定制运动毛巾，同时可享高达 3 美元的运费优惠。订单满 40 美元就能获得优惠券，每满 40 美元可获 6 美元优惠券，上不封顶！买多省更多，快来选购！ 查看下方黄色购物车，告诉主播你看到的商品。评论区也有相关链接可供查看。 朋友们，点击屏幕点赞，我们会抽奖哟！这可是畅销款手环，点赞满 10000 个我们就抽取幸运粉丝，赠送 1 个给粉丝们。只需关注我们并点击屏幕即可参与。	主播拿手机屏示：领券位置、小黄车位置、如何敲击屏幕点赞、加关注方式等

（续表）

步骤	目的	时间（语速要紧凑）	具体需要做的	商品名：智能健康手环	动作配合
2	锁客	单款商品介绍（2分钟内）	放大场景痛点→产品出现→问题解决 主播带入亲身经历＋情绪，拉满共鸣	今天给大家带来的是我们最畅销的智能健康手环。它外观时尚，佩戴舒适。这款手环具有多种强大功能。首先，它能准确监测心率，无论是运动时还是日常休息时，都能让你实时了解自己的心率状况，为你的健康保驾护航。其次，它具备睡眠监测功能，能够详细记录你的睡眠时长、深浅睡眠阶段等信息，帮助你更好地了解自己的睡眠质量，改善睡眠习惯。而且，它还具有运动追踪功能，无论是跑步、健身还是散步，都能准确记录运动数据，如步数、距离、消耗的卡路里等。对于经常忘记喝水的朋友来说，它还有饮水提醒功能，让你及时补充水分，保持身体健康。 现在让我们来看一看这款智能健康手环的实物效果。它的表带柔软亲肤，屏幕显示清晰，操作简单方便。	主播手里拿着样品，靠近镜头前展示细节
3	举证		试用产品，展现特性及效果、销量、资质证明、达人/明星背书等	我们对手环进行了严格的测试，各项数据都非常准确。它已经获得了多项专业认证，品质有保障。很多健身达人都在使用我们的手环，并给予了高度评价。	主播展示相关测试报告和认证文件
4	促单	开价上链接(1分钟)	限时间/限数量/限身份/限订单量（强调：此时此刻下单最划算＋所见即所得），锚定对比＋成本拆解＋回答评论＋倒计时下达抢购指令	通常我们以69.99美元出售，但今天只需39.99美元！这是一个非常难得的机会，我们的库存有限。 查看黄色购物车里的2号链接，价格已经准备好了！去购买吧！价格将在4分钟内提供，请确保你在4分钟内完成订单。 与市场上其他同类产品相比，我们的手环功能更强大，价格更优惠。它的成本主要包括高品质的传感器、先进的芯片以及舒适的表带等，但我们仍然以实惠的价格提供给大家。	主播展示站外对比资料、拿出手机展示屏幕以引导加购

第三节　直播后的跟进与复盘

一、订单处理与客户服务

1.及时处理订单

　　直播结束后，商家面临的首要且关键的任务就是迅速而有条不紊地处理观众的订单。这要求商家在直播前就务必做好周全的准备，其中精准的商品库存管理是重中之重。商家需要对商品库存进行详细的盘点和科学的预估，充分考虑直播过程中可能出现的各种销售情况，确保有充足的货物来满足订单需求。对于那些在直播中预计销售量较大的热门商品，更要提前制定完备的补货计划，以防止因库存不足而导致延迟发货甚至取消发货的情况发生，否则，不仅会影响客户的购物体验，还可能损害商家的信誉。

同时，商家要与物流团队建立紧密且高效的协作关系。在处理订单时，根据订单的实际情况，合理规划发货顺序和选择合适的发货方式。例如，对于体积较小、重量较轻的小件商品，选择快递发货可以确保快速送达；而对于体积较大、重量较重的大件商品，则需安排专业的物流配送，以保障商品在运输过程中的安全。在整个发货过程中，要严格把控每个环节，确保商品能够及时、准确地送达客户手中。及时发货对于提升客户购物体验具有至关重要的意义，它能够让客户尽快收到心仪的商品，增强客户对商家的信任度和满意度，进而为商家赢得良好的口碑，为后续的客户再次购买和品牌的长期发展奠定坚实的基础。

2.提供优质客户服务

商家要积极解决问题，提高客户服务品质。

对于客户在下单过程中遇到的形形色色的问题，商家必须及时响应并提供高质量的服务。客服团队作为商家与客户沟通的桥梁，需要时刻保持高度的警惕性和敏锐的反应能力，随时准备为客户提供帮助。在物流查询方面，客服要能够迅速且准确地告知客户商品的发货时间、详细的物流单号以及合理的预计送达时间，让客户在等待商品的过程中能够心中有数，减少焦虑感。

对于商品售后事宜，如退换货、使用指导等，客服要以积极主动的态度去处理。如果客户对商品质量存在疑问，客服应耐心倾听客户的反馈，细致地指导客户进行初步的检查，判断问题的所在。并根据实际情况，按照既定的退换货流程和政策，为客户提供便捷、高效的解决方案。对于一些需要使用指导的商品，客服要以专业的知识和亲切的态度，详细向客户介绍正确的使用方法和注意事项，确保客户能够正确使用商品，避免因使用不当而产生误解或其他问题。通过这样全方位的服务，能让客户切实感受到商家的关怀与负责的态度，从而极大地提高客户满意度，树立良好的品牌口碑。优质的客户服务不仅仅能解决客户当前面临的问题，更能在客户心中塑造品牌形象，增强客户对品牌的忠诚度，促进客户的再次购买和积极的口碑传播，为商家带来长期的利益。

二、数据分析与复盘

1.分析直播数据，解读数据指标

查看 TikTok Shop 提供的丰富而详细的直播数据，是商家深入了解直播效果的重要途径和有力手段。其中，观看人数是一个直观反映直播吸引力和曝光度的关键指标。较多的观看人数意味着直播在吸引观众方面具有一定的优势，可能是因为直播的主题具有吸引力、宣传推广到位或者主播具有一定的知名度等因素。然而，仅仅有较多观看人数还不够，还需要关注观看时长这一指标。

观看时长体现了直播内容对观众的吸引力和观众的参与度。较长的观看时长通常表明观众对直播内容感兴趣，愿意花费更多的时间在直播间。这可能意味着直播内容丰富有趣、主播的讲解生动且吸引人或者直播过程中的互动环节设置得当，能够让观众持续保持关注。商品点击量则展示了观众对商品的关注度，反映出观众在观看直播过程中对商品产生了兴趣并采取了进一步行动。而销售量和转化率则是直接衡量直播销售效果的核心指标。销售量体现了实际达成的交易数量，转化率则是销售量与观看人数或商品点击量的比例，它能够反映出直播过程中观众从关注到购买的转化效率。

通过深入分析这些数据之间的关系和变化趋势，商家可以全面、细致地了解直播的整体表现，精准地找出直播过程中的优势和存在的不足。如果观看人数较多但商品点击量和销售量较低，这可能意味着直播中商品的展示和推广方式存在问题，需要进一步分析是不是商品的展示不够突出，还是主播对商品特点和优势的讲解不够清晰或生动，未能有效地激发观众的购买欲望，还是其他因素导致观众虽然对直播感兴趣但对商品购买意愿不强。如果观看时长较短，商家则需要认真思考如何优化直播内容和节奏，如调整直播的环节设置、增加更具吸引力的内容或者改进主播的讲解方式，以提高观众的留存率，让观众更愿意在直播间停留并参与互动。

2.复盘总结：分析问题，总结经验

根据详细的数据分析结果，商家需要对直播过程进行全面、深入的复盘。如果某商品在直播中的销售量不理想，商家需要从多个角度深入分析原因。首先，可能是商品本身存在一些问题，比如功能不够实用，无法满足消费者的实际需求；质量不符合消费者的预期，导致消费者对商品产生疑虑；设计缺乏吸引力，在外观或用户体验设计上未能打动消费者；等等。

其次，主播在介绍商品时的表现也可能影响销售。如果主播对商品的特点和优势讲解不够清晰、生动，未能准确地传达商品的价值，那么观众就很难对商品产生强烈的购买欲望。例如，主播在介绍一款电子产品时，没有详细说明其独特的功能和与其他同类产品相比的优势，或者在讲解过程中使用了过于专业、晦涩的术语，导致观众难以理解。此外，价格也是一个重要因素。如果商品的价格设置不合理，与市场上同类商品相比缺乏竞争力，过高的价格可能会让消费者望而却步，而过低的价格可能会让消费者对商品的质量产生怀疑。

对于这些问题，商家要认真总结经验教训，以便在后续的直播和商品策划中进行有针对性的改进。例如，如果是商品功能问题，商家可以考虑与生产厂家沟通，改进产品设计或增加新的功能；如果是主播讲解问题，商家可以对主播进行培训，提高其商品介绍能力和销售技巧；如果是价格问题，商家需要进行市场调研，重新评估商品的定价策略。

另一方面，如果某互动环节在直播中的参与度高，商家要仔细分析并总结成功经验。这可能是因为互动形式新颖有趣，如抽奖、问答竞赛等方式能够充分调动观众的积极性和参与热情；也可能是奖品设置具有强大的吸引力，如热门商品、限量版周边等让观众觉得值得参与；或者是在互动过程中，主播与观众建立了良好的情感共鸣，让观众更愿意参与其中，增强了观众对直播的认同感和归属感。商家将这些宝贵的经验应用到后续的直播中，可以进一步提升直播的互动性和吸引力，从而更好地促进销售和品牌推广。

通过不断地复盘总结，商家能够持续优化直播策略，不断提高直播效果和销售业绩，在激烈的市场竞争中脱颖而出，实现可持续发展。

 **店铺运营扩量之投流**

第一节　为什么要投流?

一、投流的概念

投流，全称流量投放，在互联网营销领域具有举足轻重的地位。其核心是通过支付费用，借助各类广告平台和渠道，将商品信息、品牌推广文案等特定内容精准推送给目标受众群体，以达成更多曝光量、点击量和转化率等目标。

在投流的实际操作中，广告主需根据不同的营销目标和需求，谨慎挑选不同的投放平台与投放方式。以 TikTok Shop 为例，常用的是 TikTok Business Center。在该平台上，广告主能够依据年龄、性别、地域、兴趣爱好等多种因素进行精准的受众定位，从而将广告有针对性地投放给最有可能对产品或服务感兴趣的人群，显著提高广告投放的效果和投资回报率。

投流的突出优势在于能够迅速提升品牌或产品的知名度，大幅增加流量以及潜在客户数量。但同时，投流需要一定的成本投入，并且要求广告主具备较强的数据分析和优化能力，唯有如此，才能确保投放效果实现最大化。

二、投流的原因

1.提高品牌知名度

（1）扩大受众范围。通过投流，可以将店铺的商品信息和品牌推广内容推送给更广泛的受众群体，突破地域和社交圈子的限制。例如，一个新成立的时尚品牌在 TikTok 上投流，可以让来自不同地区、不同年龄层次的用户了解到这个品牌。

（2）增强品牌曝光。投流能够增加品牌在平台上的曝光次数，提高品牌的可见度。当用户频繁看到某个品牌的广告时，会逐渐加深对该品牌的印象，从而提高品牌知名度。

2.增加流量和潜在客户数量

（1）吸引目标受众。利用 TikTok Business Center 等平台的精准受众定位功能，可以将广告投放给最有可能对产品或服务感兴趣的人群。这些目标受众更有可能点击广告、访问店铺，从而为店铺带来更多的流量。

（2）拓展客户群体。投流可以帮助店铺吸引新的客户群体，扩大客户基础。例如，一家原本主要面向年轻女性的美妆店铺，通过投流可以吸引到男性用户或其他年龄层次的用户，拓展市场份额。

3.提高转化率和销售业绩

（1）引导用户购买。投流广告可以直接引导用户点击进入店铺，了解产品信息并进行购买。通过精心设计的广告内容和优惠活动，可以激发用户的购买欲望，提高转化率。

（2）促进重复购买。对于已经购买过商品的用户，投流可以提醒他们关注店铺的新品和促销活动，促进重复购买，提高客户忠诚度。

4. 竞争优势

（1）增强与竞争对手区分度。在竞争激烈的电商市场中，投流可以让店铺在众多竞争对手中脱颖而出。通过独特的广告创意和精准的投放策略，可以吸引用户的注意力，提高店铺的竞争力。

（2）跟上市场趋势。随着社交媒体和数字营销的发展，越来越多的商家开始在 TikTok 等平台上进行投流。如果店铺不进行投流，可能会落后于竞争对手，失去市场份额。

5. 测品功能

投流可以帮助店铺进行产品测试。通过投放不同的产品广告，观察用户的反馈和互动情况，如点击量、点赞数、评论数等，可以了解哪些产品更受用户欢迎，从而为店铺的产品选择和优化提供参考依据。同时，投流还可以测试不同的广告创意和营销策略的有效性，找到最有效的推广方式，提高店铺的营销效果。

综上所述，TikTok 店铺投流可以帮助店铺提高品牌知名度、增加流量和潜在客户数量、提高转化率和销售业绩，以及获得竞争优势，同时可以测品。

三、投流素材的选择

在进行投流时，素材的选择至关重要，以下是在选择投流素材时需重点考虑的几个方面：

1. 视觉吸引力

（1）高质量的图片与视频。应使用清晰、分辨率高的图片及视频，以吸引用户的目光。需在色彩搭配、构图设计以及光线运用等方面精心雕琢，从而完美展现商品的最佳状态。例如，对于时尚类服装，可通过模特展示服装的穿搭效果，或者呈现商品的细节特写，使用户能更深入地了解商品的品质与设计特色。

（2）动态效果的运用。动画、特效以及动态图形的加入能够显著提升素材的吸引力。例如，运用 GIF 图片或短视频，展示商品的使用过程或特点，可有效吸引用户注意力并激发其兴趣。

（3）突出品牌标识与风格。在素材中显著突出品牌标识与独特风格，有助于提高品牌的识别度。运用品牌的特定颜色、字体以及标志等元素，使用户在看到素材时能迅速联想到该品牌。

2. 内容相关性

（1）凸显商品特点与优势。投流素材应着重突出商品的特点与优势，让用户清晰了解为何要选择该商品。可通过文字说明、图片展示或视频演示等方式，全面介绍商品的功能、材质、设计等方面的特色。

（2）契合目标受众需求。深入了解目标受众的需求与兴趣点，选择与之高度相关的素材内容。例如，若目标受众为年轻人，则可采用时尚、流行的素材风格；若目标受众为家庭主妇，则可采用实用、温馨的素材内容。

（3）进行场景化展示。将商品置于实际使用场景中进行展示，能让用户更好地理解商品的用途与价值。例如，对于家居用品，可展示其在家庭中的摆放效果；对于运动装备，则可呈现用户在运动中的使用场景。

3.创意与独特性

（1）追求新颖的创意。避免使用过于传统和常见的素材内容，积极尝试采用新颖独特的创意与表现方式。例如，可运用幽默、夸张或感人的素材内容，吸引用户注意力并引发其情感共鸣。

（2）实现个性化定制。根据不同的商品和目标受众，进行个性化的素材定制。例如，为特定的商品设计专属的广告海报或视频，以提高素材的独特性与吸引力。

（3）利用用户生成的内容。充分利用用户生成的内容，如用户的评价、照片和视频等，作为投流素材。用户生成的内容具有较高的真实性和可信度，能够吸引其他用户的关注与参与。

4.合规性与版权问题

（1）严格遵守平台规定。在选择投流素材时，务必遵守 TikTok 等平台的广告规定与政策。确保素材内容不包含违法、违规或不良信息，以免被平台审核不通过或下架。

（2）妥善处理版权问题。使用合法的素材内容，避免侵犯他人的版权。可使用自己拍摄的图片和视频，或者购买合法的版权素材。若使用他人的素材，需获得授权并注明出处。

综上所述，选择合适的投流素材需综合考量视觉吸引力、内容相关性、创意与独特性以及合规性等多方面因素。通过精心选择与设计投流素材，能够显著提高广告的效果与吸引力，吸引更多用户的关注与参与。

四、投流的方式

在 TikTok 平台上，主要有以下两种投流方式：

1.TikTok Promote 投放

TikTok Promote 与国内版抖音的"DOU＋"有着相似的功能，是一种围绕流量变现的付费手段。借助它，用户可以在 TikTok 平台上直接购买精准流量，为视频提升热度。无论是内容创作者还是商家，都能够利用 Promote 选项进行自主投流，为提高视频的曝光度与影响力开辟便捷通道。例如，新推出的时尚品牌可以借助 TikTok Promote 为产品展示视频增添热度，吸引更多目标受众的关注，从而提升品牌知名度和产品销量。然而，该方式存在一定的局限性，仅可在手机 TikTok App 进行充值投放。

2.TikTok Business Center 广告户投流

这种投流方式与国内版抖音的巨量千川投流类似。在国外的 TikTok 平台上，可以通过广告户进行投流。只要拥有广告户，并且达人提供广告代码，就能够在电脑端后台进行投流操作。此方式通常需要更为专业的广告策划和投放策略，以确保广告能够精准地触达目标受众，实现最佳的广告效果。例如，大型电商企业可以通过 TikTok Business Center 广告户投流，针对特定的地域、年龄、兴趣爱好等人群进行定向广告投放，提高广告的转化率和投资回报率。

找到 promote 的步骤

在手机端登录 TikTok 账号，在主页中点击自己已发的一条视频，进入视频页（见图 15-1），在图 15-1 中选择"…"选项，弹出如图 15-2 界面，找到"promote"（增加播放量）选项，单击进去就可以投流（需要该 TikTok 账号里面有余额）。

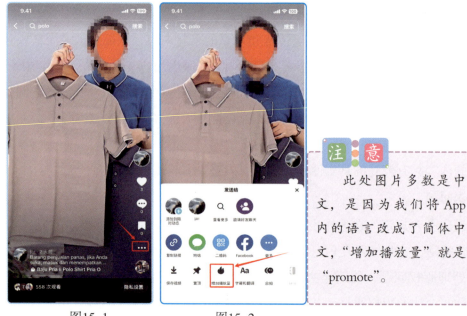

图15-1　　　　　图15-2

 找到"视频代码"的步骤

在手机端登录 TikTok 账号，在主页中点击自己已发的一条视频，进入视频页（见图 15-1），选择"…"选项，弹出如图 15-2 界面，向右滑动，找到"广告设置"（见图 15-3），进入"内容公开与广告"界面，打开"广告授权"（见图 15-4），弹出"选择可用期限"界面，选择期限后，点击"授权"选项（见图 15-5），在新出现的界面中选择"视频代码"后的"生成"选项再单击"保存"选项（见图 15-6）；出现图 15-7 所示界面，依次点击"管理""保存"；再点击"管理"选项，下方弹出对话框，选择"复制代码"（见图 15-8），弹出图 15-9 界面，提示"视频代码已复制"。

图15-3

图15-4

图15-5

| 图15-6 | 图15-7 | 图15-8 | 图15-9 |

广告户投流也是我们为大家主要介绍的方式。若要进行广告户投流，首先必须开设一个店铺并且调整好网络环境，之后才可以通过广告经理或者 TikTok Business Center 自行注册。

第二节　广告主的注册

一、注册网站

官方投流后台,店铺后台有投流界面,但是主要还是从以下网址进入。网站界面如图 15-10 所示。

https://business.tiktok.com/

图15-10

二、注册步骤

（1）广告主账号注册需要用店铺的邮箱（见图 15-11）,一般用户选择"我是一个广告投放人"（见图 15-12）。

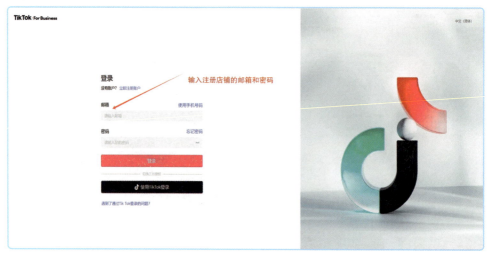

图15– 11

图15– 12

（2）填写注册信息。如图 15-13 和图 15-14 所示。

图15–13

图15-14

三、修改语言

为了学习方便，可把界面语言翻译成中文（见图 15-15）。

图15-15

四、新建一个广告主

如果我们需要投流欧美地区，那么账号必须报白，这种情况找广告商开户，提供营业执照即可，一个营业执照只能开一个账户。如图 15-16 和图 15-17 所示。

图15-16

图15-17

第三节　广告投流实操

一、建立投流计划

（1）打开广告管理平台，俗称广告后台（见图15-18）。

图15-18

（2）点击"制作广告"，就是新建一个广告计划开始投流（见图15-19）。

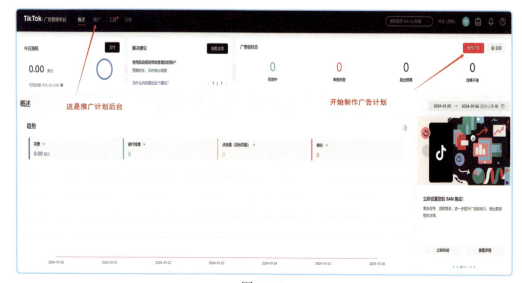

图15-19

二、选择推广目标

有很多选项可以投流，可根据自己的需求选择不同的推广目标（见图 15-20）。

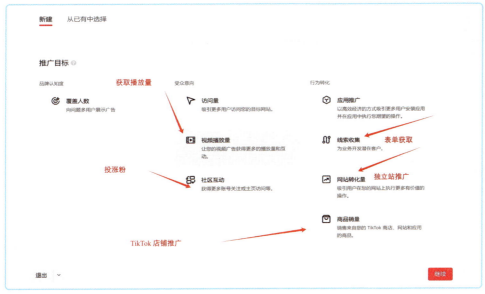

图15-20

三、举例：推广商品销量

（1）依次点击"商品销量""抖音商店"，再设置日预算。测试产品，可以从 10 美元开始，如果效果尚可，后面可以修改日预算。"系列名称"可以修改，修改备注特定的产品，或者帮别人代投备注记录。如图 15-21 所示。

图15-21

（2）点击提交之后，我们来到制作广告组，如果我们是用店铺邮箱注册的，就可以登录店铺，从后台绑定广告户，广告户后台就会显示自己的店铺，然后进行连接。如图 15-22 所示。

图15-22

（3）我们来到店铺的后台，找到 Shop Ads 后绑定我们的广告后台（见图 15-23）。

图15-23

四、选择投放人群

再转回到广告户后台，选择投放国家，根据不同的标签选择投放的人群（见图 15-24）。

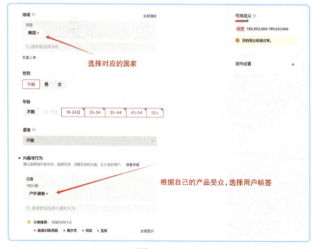

图15-24

五、设置投放时间段

在投放自己的产品时，可以打开账号看看自己粉丝的活跃时间段，然后再精准地设置投放时间

（见图 15-25）。

图15-25

第四节　TikTok 达人账号投流实操

可以投放自己的账号，同时也可以投放自己邀约达人的账号，但是前提是我们需要获取达人的短视频授权码（见图 15-26）。

图15-26

（1）首先与达人取得联系，需要对方在账号后台复制达人授权码。如图 15-27 至图 15-29 所示。

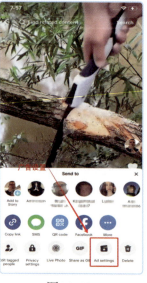

图15-27　　　　　　　　　　图15-28　　　　　　　　　　图15-29

（2）先复制代码,再通过爱思助手传送到电脑上,把授权码保存至通讯录。如图 15-30 至图 15-32 所示。

图15-30　　　　　　　　　　图15-31　　　　　　　　　　图15-32

（3）用手机连接电脑,同时打开爱思助手,找到电脑端的"资料管理",复制授权码（见图 15-33 ）。

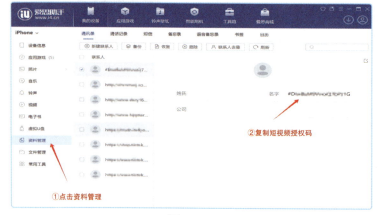

图15-33

（4）先点击编辑项，才可以进行复制（见图 15-34）。

图15-34

（5）复制好后，打开广告户后台，点击"授权 TikTok 帖子"（见图 15-35）。

图15-35

（6）将授权码复制到空白处，点击"搜索"（见图 15-36）。

图15-36

（7）随后添加对应视频的商品，投放广告可以挂多个商品的链接（见图 15–37）。

图15-37

（8）选择想要投放的视频。选择视频时，最好选择那种自然播放量高的，因为优质视频平台会给予推荐，我们可以利用少的付费流带动自然流（见图 15–38）。

图15-38

（9）最后一步，提交推广计划，一般在几分钟内会生效，平台先会对视频进行审核，最好不要投放搬运视频，或者混剪本土网红视频。

第五节　投放数据的查看和广告优化

一、查看广告投放数据

点击推广计划，可以查看广告投放数据，可以看"分天数据"，也可以看"受众数据"（见图 15–39）。根据受众数据，了解自己产品的消费客户标签，然后优化自己的投放计划，这样才能让广告投放成本越来越低。

图15-39

二、优化广告

可以以年龄、兴趣行为为主要参考目标进行广告优化（见图 15-40）。

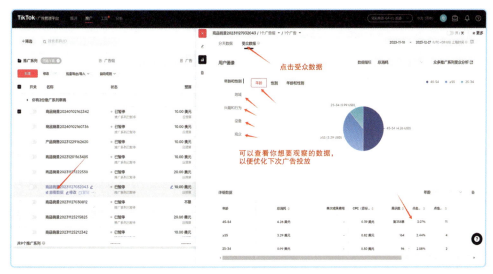

图15-40

使用网站工具学习行业优质广告

1.持续追踪学习行业优质广告,保持竞争优势

　　登录 Kalodata.com，切换至视频界面。在左侧广告数据筛选器中，设置条件"广告观看占比大于 0"，即可筛选出过去一段时间内投放过广告的 TikTok 短视频。增加类目筛选条件后，可得到该类目下投放过广告的 TikTok 短视频数据，其中包括投放广告的短视频总数、行业内每条投放广告的短视频对应的广告消耗、收入、投放周期和广告投资回报转化等数据，还可以按照成交金额、广告投资回报、广告消耗等进行快速筛选。如图 15-41 和图 15-42 所示。持续追踪类目／行业纬度的广告投放数据以及广告转化效率，可以快速获取市场最新的广告创意和策略，响应市场需求，从而在竞争中保持优势地位。

图15-41

图15-42

2.高效追踪竞品广告策略和转化效率,优化广告投流策略

登录 Kalodata.com,切换至视频界面。在左侧广告数据筛选器中设置"广告观看占比大于 0",同时在视频列表页顶部搜索框输入竞品品牌词,可获取竞品在一段时间内投放广告的 TikTok 短视频。点击进入视频详情页,能查询具体广告投放数据,汇总竞品广告预算和转化效率(见图 15-41 和图 15-42)。通过追踪竞品广告投放情况,分析其广告创意、转化效率等,为广告投放提供参考。了解竞品不同阶段的投放重点和变化趋势,有助于我们及时调整策略应对市场竞争。同时,了解竞品广告花费可以优化广告预算,避免投入过高或过低;研究竞品广告投资回报能确定广告组标准,提高投放效率和效益。